Udo Sautter

Wie man eine Postkutsche überfällt

A D A

C.	Connecticut
DE.	Delaware
MD.	Maryland
MA.	Massachusetts
N.H.	New Hampshire
N.J.	New Jersey
R.I.	Rhode Island
VT.	Vermont 1791
	Alaska 1959
	Hawaii 1959

Gebiet der USA 1783
Louisiana-Kauf 1803
Oregon-Gebiet 1818
Adam-Onís-Linie 1819
Gadsden-Kauf 1853
Konföderierte Staaten 1861–65
Missouri-Kompromiß-Linie 1820 (36°, 30′ n. Br.)

Die Namen der konstituierenden Staaten sind unterstrichen

Udo Sautter

Wie man eine Postkutsche überfällt

… und andere wahre Geschichten
aus dem Wilden Westen

Mit Illustrationen von Frank Wowra

HERDER

FREIBURG · BASEL · WIEN

© Verlag Herder GmbH, Freiburg im Breisgau 2010
Alle Rechte vorbehalten
www.herder.de

Umschlaggestaltung und Konzeption:
Agentur R·M·E: Roland Eschlbeck und Rosemarie Kreuzer
Umschlagmotiv: © Anna Zimmermann
Foto des Autors: © privat

Satz: Dtp-Satzservice Peter Huber, Freiburg
Herstellung: CPI Moravia Books, Pohorelice

Gedruckt auf umweltfreundlichem,
chlorfrei gebleichtem Papier
Printed in Czech Republic

ISBN 978-3-451-30245-9

Inhalt

Vorwort

Im Wilden Westen wurden jede Menge Postkutschen ausgeraubt. Nur selten konnte sich der Räuber freilich so vorteil-
haft im Koffer auf dem Kutschendach verstecken, wie der auf
dem Bild auf der Vorderseite dieses Buches. Zumeist war
die Räuberei mindestens ebenso gefährlich für den Banditen
selbst wie für Kutscher und Passagiere, denn auch letztere
konnten den Revolver zücken.

Auf jeden Fall ist es aber wahr, dass es im amerikanischen
Westen zeitweilig lebhaft zuging, um es milde auszudrücken.
Das war die Zeit von der Mitte des 19. Jahrhunderts bis zu
dessen Ende. Im Jahre 1848 wurde in Kalifornien Gold gefunden, bald auch in anderen Gegenden, und die Glücksritter
zogen jahrzehntelang von einem Ort zum nächsten. Mehr
oder weniger gleichzeitig erfolgte die Besiedelung der unendlichen Prärieweiten westlich des Mississippi, dann aber auch
der Bergzonen bis hin zum Stillen Ozean. Und immer fehlte
es zuerst an Gesetz und Polizei. Wenn es gut ging, fanden
sich an einem Ort die Leute zusammen, um einen Sheriff zu
wählen. Der war meistens ein guter Pistolenschütze. Hoffent-
lich erwies er sich dann auch als ehrlich und pflichtbewusst.
Sicher war das jedoch nicht.

Und dann war da das Verhältnis zu den Indianern. Manchmal gestaltete sich dieses friedlich. Sehr oft aber gab es Streit,
denn die Weißen nahmen ja den Indianern ihr Land weg.
Und in der Prärie rotteten die Weißen die Bisons aus, von
denen die Prärieindianer lebten. Einzelne Siedler konnten
gegen ganze Indianerstämme nicht bestehen. Also wurde die
Kavallerie eingesetzt. Die behielt dann auf Dauer die Ober-
hand.

All das hieß, dass jenseits des Mississippi oftmals Aufregendes geschah. Man sprach bald vom Wilden Westen. Jeder, Mann oder Frau, war dort zuerst einmal auf sich selbst angewiesen. Viele fanden dies schön, denn wo es keine sichere Ordnung gab, konnte man recht ungehemmt seinen Vorteil suchen. Prospektoren suchten nach Gold, wo immer sie wollten. Gauner und Banditen nahmen es ihnen dann häufig wieder ab. Der Bison wurde aus purer Lust am Töten gejagt. Indianer skalpierten, wenn es sich ergab, ihre Gegner wie eh und je.

Karl May ist es in vielen Büchern gelungen, einen Einblick in einen Teil dieser Welt zu geben. Aber seine spannenden Erzählungen sind alle erfunden. Die Geschichten in unserem Buch hier sind dagegen alle wahr. Alle Personen darin haben wirklich gelebt, alles was berichtet wird, hat sich tatsächlich ereignet. Natürlich kann in einem schmalen Buch wie diesem nicht alles angesprochen werden, was damals geschah. Aber was berichtet wird, kann doch anschaulich machen, wie „wild" es im Wilden Westen oftmals zuging.

Tübingen, im Oktober 2009

Udo Sautter

1

Gauner und Banditen

Black Bart und die Postkutschen

Ein Mehlsack hinterlässt Gedichte

Am 26. Juli 1875 lenkte der Fuhrmann John Shine seine Transportkutsche von Sonora nach Milton in Kalifornien. Sein Arbeitgeber, die Firma *Wells Fargo & Co.*, besorgte in Nordkalifornien den Post- und Speditionsdienst. Shines Wagen näherte sich der ersten Haltestelle bei dem kleinen Ort Copperopolis. Da sprang ein mit einem langen leinenen Staubmantel bekleideter Mann hinter einem großen Felsblock hervor. Über den Kopf hatte der Räuber einen weißen Mehlsack mit Augenlöchern gestülpt. Er richtete eine doppelläufige Schrotflinte auf Shine und rief mit tiefer Stimme: „Wirf bitte die Geldlade herunter!" Eine Sekunde lang überlegte der Kutscher, ob er Widerstand leisten sollte. Da hörte er den Räuber rufen: „Wenn er zu schießen wagt, verpasst ihm eine ordentliche Salve, Boys." Shine blickte sich um und sah, dass sechs weitere Flinten auf ihn gerichtet waren. Da ließ er jeden Widerstand fahren, gab die Geldtruhe heraus und floh die Straße hinunter. Der Bandit schlug die Lade mit einer Axt auf, entnahm daraus mehrere Beutel mit Goldmünzen und einige Express-Päckchen und verschwand dann im Gesträuch am Straßenrand.

Als die Luft wieder rein war, kehrte Shine zu seiner Kutsche zurück. Die Flinten waren noch da. Bei genauerem Hinsehen bemerkte er jedoch, dass es sich nur um hölzerne Stecken handelte. Sorgfältig in Sträuchern und auf Felsvorsprüngen verborgen, sahen sie aus einiger Entfernung tatsächlich wie Flinten aus. Shine war ausgetrickst worden, und er eilte nach Copperopolis, um den Diebstahl zu melden. Seiner Beschreibung zufolge war der Bandit groß und drahtig und trug Socken über den Schuhen, sicher um seine Fußabdrücke tarnen ... Und er war über die Maßen höflich gewesen. Die Hilfskräfte des Sheriffs begannen sofort mit der Suche, aber der Dieb war längst über alle Berge.

Im Dezember, als die Aufregung sich etwas gelegt hatte, schlug der Räuber in Yuba County wieder zu. Auch diesmal zwang der Dieb den Kutscher mit vorgehaltener Waffe zur Herausgabe seiner Fracht, während drei weitere Flinten aus dem Gebüsch auf ihn gerichtet waren. Als der Sheriff und einige Helfer später den Ort des Überfalls untersuchten, entdeckten sie, dass es sich bei den drei „Flinten" wiederum nur um sorgfältig ausgelegte Stecken handelte.

Danach wartete der Wegelagerer einige Monate. Aber am 3. August 1877 trat er in der verlassenen Gegend zwischen Point Arenas und Duncan's Mulls am Russian River, nördlich von San Francisco, erneut aus dem Gebüsch, zielte mit seiner Schrotflinte auf den Kutscher und zwang ihn zum Anhalten. Die Pferde waren nass geschwitzt, und der von der Kutsche aufgewirbelte Staub legte sich in feuchten Kringeln um ihre Beine. Wieder trug der Bandit seinen langen weißen Staubmantel und den Mehlsack mit den Augenlöchern über dem Kopf. Mit fester Stimme gab er ihm in den bekannten Worten den Befehl, seine Geldlade herauszugeben. Der Kutscher beschrieb seine Stimmer später als „tief und hohl", und obwohl der Dieb ruhig und höflich blieb, duldete die Stimme keinen Ungehorsam. Noch gebieterischer war freilich die Flinte. Deshalb stieß der Kutscher ohne zu zögern die hölzerne Geldkiste von der Kutsche hinunter. Später fand man sie leer. Der geheimnisvolle Räuber hatte 300 Dollar in Münzen und einen Scheck über weitere 305,52 Dollar erbeutet, ausgestellt auf die *Granger's Bank* in San Francisco.

Aber diesmal hatte er noch etwas anderes hinterlassen – ein auf die Rückseite eines Frachtbriefes gekritzeltes, rätselhaftes Gedicht. Jede Zeile war sorgfältig in einer anderen Weise geschrieben, um eine Untersuchung der Handschrift aussichtslos zu machen:

> Ich werkte lang und hart für Brot
> für Ehr' und kleine Klumpen.
> Ihr aber stampft mir in der Not
> noch auf den Fuß, ihr Lumpen.

Der Vers war unterzeichnet „*Black Bart*".

Viele, die von diesem Überfall hörten, amüsierten sich heimlich über Black Barts reibungslose Flucht und seine Dichtkunst. Die Transportfirma *Wells Fargo* jedoch lachte nicht. Die Direktion wollte den Dieb um jeden Preis zur Strecke bringen und beauftragte ihre Niederlassungen in ganz Kalifornien, nach diesem Räuber-Dichter Ausschau zu halten. An einen schnellen Erfolg glaubte sie jedoch nicht, denn es gab keine brauchbaren Hinweise auf den Täter. Die verfügbare Personenbeschreibung des Räubers konnte auf Tausende von Männern zutreffen. Der Scheck auf die *Granger's Bank* wurde nie eingelöst. Und Black Bart war geduldig; er ließ seine Spur während fast eines Jahres kalt werden, bevor er erneut wieder auftauchte.

Der nächste Streich erfolgte am 25. Juli 1878 oben in den Sierras. Hier richtete Black Bart seine Schrotflinte auf den Fahrer eines Wagens, der von Quincy nach Oroville durch das Feather-River-Tal fuhr. Wiederum befahl er, die Geldkiste herauszugeben, und diesmal machte er eine noch größere Beute – 379 Dollar in Münzen, einen Diamantring, der angeblich weitere 200 Dollar wert war, und eine Silberuhr im Wert von 25 Dollar. Außerdem stahl er einen Postsack, über dessen Inhalt man jedoch nie etwas erfahren hat. Auch diesmal hinterließ Bart ein Gedicht:

> Hier lege ich mich hin zum Pennen
> und warte auf den Morgen;
> dann werd' ich lachen – oder flennen,
> falls ich hab' wieder Sorgen.
> Lass kommen, was da kommen mag,
> mir geht's schlecht oft den ganzen Tag.
> Doch wenn es Geld gibt in der Kist',
> es gleich in meiner Tasche ist!

Der Gentleman foppt den Gouverneur

Schließlich ließ der Gouverneur von Kalifornien Plakate anschlagen, auf denen eine Belohnung von 300 Dollar für die „Festnahme und Verurteilung" von Black Bart ausgesetzt wurde. Die Firma *Wells Fargo* fügte noch 300 Dollar hinzu, und die Postbehörden rundeten die Summe um weitere 200 Dollar auf. Aber dieses Kopfgeld in Höhe von insgesamt 800 Dollar ließ Bart nur noch größere Wagnisse eingehen. Während der nächsten Woche überfiel er drei weitere Postkutschen, alle im Nordwesten von San Francisco. Allerdings hinterließ er nie wieder ein Blatt Papier mit einem Gedicht. Vielleicht fiel ihm keines mehr ein; oder er fürchtete, dass seine Dichtübungen irgendwie verraten könnten, wer er war.

Bei seinen Überfällen ging Bart immer nach einem ähnlichen Muster vor. Er überfiel ausschließlich Wagen der Firma *Wells Fargo*. Dabei schlug der Bandit stets auf offenem Gelände zu, nahe einer Hügelkuppe nach steilen Anstiegen, wo die Pferde langsamer schritten, weil sie außer Atem waren. Er trug immer seinen langen, lockeren Mantel und hatte einen Mehlsack mit Augenlöchern über den Kopf gezogen. Darüber trug er seinen Bowlerhut. Seine Flinte war immer deutlich sichtbar. In die Postsäcke schnitt er stets ein „T" hinein, wenn er sie entleerte, und zum Öffnen der Geldladen benutzte er eine alte Axt, die er dann zurückließ.

Obwohl er seine Überfälle weit entfernt von menschlichen Behausungen beging, ritt Black Bart nie auf einem Pferd, sondern wanderte zu Fuß durch die Gegend mit einer aufgerollten Decke über der Schulter; wenn nötig, schlief er im Freien. Er marschierte über weite Strecken in drei verschiedenen Distrikten in Nordkalifornien. Sogar die Männer von *Wells Fargo* waren beeindruckt von seiner Ausdauer und nannten den Räuber einen „glänzenden Bergsteiger".

Viele seiner Opfer beschrieben ihn als einen Gentleman. Man erzählte sich allenthalben von dem Vorfall vom 30. Juli 1878. Als er an diesem Tag die Kutsche von La Porte nach Oroville ausraubte, erbeutete er 500 Dollar in Gold und eine silberne Uhr. Hier warf eine erschrockene Frau Black Bart eilig ihre Geldbörse zu, als der Bandit unvermittelt auftauchte und dem Kutscher mit vorgehaltener Flinte das Kommando zur Herausgabe der Geldlade gab. Der Räuber jedoch schüttelte nur den Kopf. Und mit den Worten „Nein, Madam, ich raube keine Passagiere aus. Ich habe es nur auf das Geld von *Wells Fargo* abgesehen", gab er der Dame die Börse freundlich zurück. Solche Geschichten verbreiteten sich wie ein Lauffeuer und machten Black Bart zum Liebling der Presse von San Francisco.

Seine Popularität schien den Banditen nur noch mehr anzustacheln, denn Black Bart ließ nicht nach in seinen Aktivitäten. Am 16. September 1880 erleichterte er die Kutsche aus Roseburg im südlichen Oregon um Gold und Papiergeld im Wert von über 1000 Dollar; die gleiche Kutsche überfiel er eine Woche später erneut. 1881 kamen fünf weitere Handstreiche hinzu, was einen neuen Rekord innerhalb eines einzigen Jahres darstellte, und auch im darauffolgenden Jahr konnte Black Bart seine Erfolgsserie fortsetzen. Am 17. September gelang ihm ein Überfall in Shasta County, und sechs Meilen von Cloverdale entfernt raubte er am 24. November die Kutsche von Lakeport nach Cloverdale aus. Dieselbe Kutsche fiel ihm am 12. April des Jahres 1883 erneut zum Opfer, und nur zehn Wochen später, am 23. Juni, überfiel er mit Erfolg die Transportkutsche zwischen Jackson und Ione City. Damit stieg die Zahl seiner Überfälle bereits auf 27, und viele, die das Treiben des inzwischen landauf und landab bekannten Banditen verfolgten, hatten längst den Überblick verloren.

Black Barts Raubzüge liefen meistens reibungslos ab, nur selten ging etwas schief, wie bei dem Überfall vom 13. Juli 1882, als es dem Kutscher gelang, eine Waffe auf Bart abzufeuern. Der Dieb ging an diesem Tag leer aus, kam jedoch mit heiler Haut davon. Er floh ins Gebüsch und verlor dabei seinen Bowlerhut. Zu einem Schusswechsel kam es nicht. Viele Leute glaubten ohnehin, dass seine Flinte gar nicht geladen war.

Eine erste Spur im Fall Black Bart

Bei *Wells Fargo* war man der Verzweiflung nahe. Schon längst hatte der Chefermittler der Firma, Detective James B. Hume, die Verfolgung des Räubers übernommen. Die Truhen wurden inzwischen auf den Kutschenboden geschraubt. Unablässig prüfte Hume jedes Blatt Papier, das gefunden wurde, und befragte jeden Zeugen. Das Wenige, was er über den galanten Banditen herausfand, führte ihn allerdings kaum weiter. Black Bart verhielt sich während seiner Überfälle so höflich – kein Fluchen, keine wüste Sprache –, dass es unmöglich war, ihn in eine Kategorie mit anderen Straßenräubern einzuordnen. Es gelang Hume einfach nicht, Black Bart auf die Spur zu kommen.

Doch der Ermittler gab nicht auf. Und am 3. November 1883 fand er endlich einen deutlichen Anhaltspunkt. Der Tag ging nicht gut aus für Black Bart. In der Frühe jenes Schicksalsmorgens verließ Reason E. McConnell, ein Kutscher für die *Nevada Stage Company*, die Stadt Sonora westwärts in Richtung Milton. Unterwegs hielt er zuerst in Tuttletown an, wo er 228 Unzen Goldamalgam von der Patterson Mine übernahm. Er schloss das Metall in seine gepanzerte Geldkiste ein, in der sich bereits 550 Dollar in Goldmünzen und fast zwei Unzen Goldstaub befanden. Dann hielt er ein zweites Mal an, um in Reynolds Ferry zu frühstücken. Dort stieg ein Passagier zu, der 19-jährige Jimmy Rolleri, der in der Gegend, durch welche die Fahrt führte, etwas Kleinwild jagen wollte.

McConnell war froh, dass ihm jemand Gesellschaft leistete. Jimmy jedoch hielt vergeblich nach Wild Ausschau. Als die Kutsche einen besonders steilen Hügel hinauffuhr, ergriff er deshalb sein Repetiergewehr und stieg ab, um die Gegend auf der Suche nach einer Beute zu durchstreifen. So kam McConnell allein oben auf dem Hügel an. Dort aber erwartete ihn im Gestrüpp hinter einem großen Felsen – Black Bart.

Bart spürte sofort, dass etwas nicht stimmte. Er hatte den Wagen schon von Weitem gesehen und wusste, dass zuvor zwei Männer auf dem Kutschbock gesessen hatten, nicht nur einer. Wo war der andere? Die Frage beunruhigte ihn. Trotzdem sprang er in seinem langen, leinenen Staubmantel vor die Leitpferde und richtete seine doppelläufige Schrotflinte auf McConnell. „Werfen Sie bitte die Lade herunter!", kommandierte er wie gewöhnlich. „Ich kann nicht", antwortete der Kutscher, wohl wissend, mit wem er es zu tun hatte. „Sie ist in der Kutsche angeschraubt." Als Bart ihn nach dem zweiten Mann fragte, log McConnell. Er sagte, der Junge sei weggegangen, um nach verirrten Rindern Ausschau zu halten. Bart war mit dieser Antwort nicht zufrieden, aber er hatte keine Zeit, darüber nachzudenken. Er hatte sich mit den Männern in der Patterson Mine angefreundet und wusste, dass mit dieser Kutsche Gold transportiert wurde. So wies er McConnell an, von seinem hohen Sitz herunterzusteigen, die Pferde auszuspannen und sie über den Hügel führen.

McConnell tat, wie ihm befohlen. Er blickte nicht zurück, aber er hörte, wie der Räuber sich lautstark bemühte, die Goldlade mit einer Spitzhacke loszuhauen. Als er auf der anderen Seite des Hügels ankam, sah er Jimmy, der den Krach ebenfalls gehört hatte, mit seiner Flinte herbeieilen. McConnell konnte sein Glück kaum fassen. Er band die Pferde an einem dünnen Baumstamm fest, winkte Jimmy heran, und zusammen schlichen sie den Hügel hinauf. Dort ergriff McConnell Jimmys Flinte und feuerte, auf dem Boden liegend, einen Schuss in Richtung der Kutsche ab. Da er jedoch nicht mit der Waffe vertraut war, verfehlte er sein Ziel.

Black Bart hatte es gerade geschafft, die Kiste zu öffnen. Als er den Schuss hörte, blickte er sich kurz um und zog dann einen Beutel mit Gold durch das zersplitterte Holz. Daraufhin rannte er auf das Gebüsch zu. Inzwischen hatte Jimmy die Flinte ergriffen und schoss. Er verfehlte den Banditen jedoch ebenfalls, und Bart konnte mitsamt seiner Beute im Gestrüpp verschwinden.

Allerdings hatte Black Bart einiges zurücklassen müssen. Ein Bündel Papiere war ihm entfallen, auf die etwas Blut getropft war. Außerdem hatte er seinen Bowlerhut verloren. Das Schlimmste aber war, dass er es nicht mehr geschafft hatte, seine Habseligkeiten aufzuraffen, die er zuvor hinter einem großen Stein abgelegt hatte. Darunter befanden sich Tüten mit Keksen und Zucker, ein Fernglas, ein paar Mehlsäcke, ein Rasiermesser und ein Taschentuch voller Schrot. Ohne große Schwierigkeiten machte danach der Sheriff von Calaveras County die Frau ausfindig, die Bart seine Vorräte verkauft hatte. Aber der Hinweis, der Black Bart schließlich zum Verhängnis wurde, befand sich auf dem Taschentuch. Dieses trug in einer Ecke ein mit Tinte hineingeschriebenes Wäschezeichen: F.X.0.7.

Detective Hume löst den Fall

Es dauerte eine Woche, um alle 91 Wäschereien in San Francisco zu durchkämmen. Hume hatte inzwischen noch einen Sonder-Detective namens Harry N. Morse auf den Black-Bart-Fall angesetzt, dem es endlich gelang, einen Wäschereikunden ausfindig zu machen, zu dem das Wäschezeichen passte. Sein Name war C. E. Bolton, ein 50-jähriger Mann, wohnhaft in Zimmer 40 in der Pension Webb House, 37 Second Street.

Morse begab sich zu der Adresse und traf dort den Verdächtigen. Dieser wirkte blass und hatte einen breiten weißen Schnurrbart sowie einen spitzen Bart unter seiner Unterlippe. Morse sagte Reportern später, dass der unmaskierte Black Bart ihm als elegant gekleideter Herr entgegentrat. Er hielt sich kerzengerade und trug einen schicken kleinen Bowlerhut, eine diamantene Krawattennadel, einen großen Diamantring am kleinen Finger und eine schwere goldene

Taschenuhr an einer Kette; in der Hand hielt er einen kleinen Spazierstock. Man hätte ihn für einen Gentleman halten können.

Charles E. Bolton – oder Boles, wie er sich manchmal auch nannte – bestritt zunächst, seinen Reichtum unrechtmäßig erworben zu haben, und behauptete, eine Goldmine an der Grenze von Nevada zu besitzen. Erst als er von einigen Leuten identifiziert wurde, mit denen er bei der Planung seines letzten Verbrechens zu tun gehabt hatte, gab der Bandit zu, die Sonora-Milton-Kutsche ausgeraubt zu haben. Mit diesem Geständnis hoffte er, seine Haftstrafe zu verringern, und sein Plan ging auf. Bolton-Boles erhielt nur eine Gefängnisstrafe von sechs Jahren für seine Verbrechensserie, die ihn eigentlich lebenslänglich hinter Gitter gebracht hätte.

Reporter fanden nach der Verurteilung noch andere Einzelheiten über Black Bart heraus. Er war im Staate New York geboren worden. Im Bürgerkrieg hatte er in einem Regiment aus Illinois gedient. Später war er nach Kalifornien gegangen und hatte seine Familie im Mittleren Westen zurückgelassen, darunter seine Frau Mary, die ihm später Briefe ins Gefängnis schrieb. In Kalifornien hatte er eine Weile nach Gold gesucht, bis die Firma *Wells Fargo* Ansprüche auf sein Land erhob und ihn schließlich von seinem *claim* vertrieb. Bolton schwor daraufhin Rache und begann bald darauf, *Wells Fargo* unter dem Namen Black Bart das Leben schwer zu machen.

Auch das Geheimnis um das Pseudonym „*Black Bart*" wurde schließlich gelüftet. Der Bandit war ein eifriger Leser der damals weit verbreiteten *dime novels*, das waren Abenteuerhefte, die an Kiosken für einen *dime*, also 10 Cent, verkauft wurden. In den frühen 1870er Jahren druckte auch eine Zeitung in San Francisco eine Serie solcher Geschichten ab. In einigen von ihnen tauchte ein wilder Straßenräuber auf, der vorzugsweise Kutschen von *Wells Fargo* ausraubte und deren

Passagiere in Angst und Schrecken versetzte. Sein Name war Black Bart – ihn hatte sich Bolton zum Vorbild genommen.

Nachdem er vier Jahre und zwei Monate hinter Gittern verbracht hatte, wurde Bart-Bolton-Boles aufgrund guter Führung am 21. Januar 1888 vorzeitig entlassen. Zeitungsleute belagerten die Anlegestelle in San Francisco, als ein Gefängnisboot ihn von San Quentin herüberbrachte. Ob das Gefängnisleben ihm geschadet habe? Bart verneinte, es ginge ihm gut. Ob er beabsichtigte, erneut Kutschen auszurauben? Bart schüttelte den Kopf und wollte gehen. „Eine letzte Frage", sagte ein Reporter, „haben Sie noch weitere Gedichte im Ärmel?" Diese Frage amüsierte Bart sichtlich. „Junger Mann", antwortete der alte Straßenräuber augenzwinkernd, „haben ich Ihnen nicht eben gesagt, dass ich keine Verbrechen mehr begehen werde?"

Danach zog Black Bart zunächst in eine Pension namens Nevada House im Gebäude 132 Sixth Street in San Francisco. Einen Monat später jedoch verschwand er plötzlich. Einmal glaubte jemand, ihn weiter südlich in Visalia gesehen zu haben; seine Spur verlor sich jedoch. Man erzählte sich noch lange Geschichten über ihn und munkelte, *Wells Fargo* hätte ihm jahrelang eine kleine Rente bezahlt, um ihn von weiteren Überfällen abzuhalten; doch die Firma bestritt dies. Was der alte Gauner tatsächlich trieb, ist nicht bekannt. Wahrscheinlich hat er sich jedoch zur Ruhe gesetzt. Hätte er irgendwo erneut mit der Schrotflinte gedroht, hätten wir dies erfahren.

Rattlesnake Dick verliert den Goldschatz

Ein anderer berühmter Gangster war Richard Barter. Er schürfte eine Zeit lang in Auburn County nach Gold, hatte dabei aber nur wenig Glück. Abends hing er oft in einer Kneipe herum, der Rattlesnake Bar. Und weil er sich dort immer wichtigmachte mit dem großen Reichtum, den er noch erwerben würde, wurde er bald schon nur noch Rattlesnake Dick genannt. Und beinahe wäre es mit dem Reichtum auch etwas geworden.

Dick wurde des Goldwaschens bald müde und suchte nach einer einträglicheren Form, zu Reichtum zu kommen. Er entschied sich, Highwayman zu werden, mit einem Wort, Straßenräuber. Dick träumte von großen Raubzügen, die ihm schnell viel Geld einbringen sollten. Deshalb schloss er sich mit anderen Gleichgesinnten zu einer Bande zusammen. Zunächst schlugen sich die Banditen mit kleineren Überfällen durch. Aber dann gelang ihnen der ganz große Coup, von dem die Leute in Kalifornien noch viele Jahre lang sprachen.

Gold und Maultiere

Es war im Jahre 1856. Dick erfuhr zufällig von einem betrunkenen Ingenieur, der in einer der Goldminen arbeitete, dass bald ein großer Goldtransport die Yreka-Mine verlassen würde und auf den Weg nach Shasta gebracht werden sollte. Daraufhin sandte Dick einige Männer, um den Transport abzufangen. Sie wurden von George Skinner angeführt, der Rattlesnake Dicks bester Mann und seine rechte Hand war. Skinner war zwar ein Raubein, er wurde aber von den anderen Bandenmitgliedern respektiert, da er als fair galt; vor allem aber konnte er hart zuschlagen, wenn es einmal darauf ankam.

Wie Dick erfahren hatte, wurden für den Transport von der Firma *Wells Fargo* Maultiere eingesetzt. Die Minenleute hielten es nämlich für zu riskant, die ungewöhnlich große

Menge Goldstaub im Wert von rund 80 000 Dollar, wie es sonst üblich war, in einer Postkutsche zu transportieren. Auch ohne Fahrgäste hielt man eine Kutsche für zu unbeweglich und fürchtete, dass Räuber leichtes Spiel mit ihr haben würden. Schließlich waren Überfälle auf Postkutschen fast schon an der Tagesordnung.

Deshalb verfielen die *Wells-Fargo*-Leute auf den Plan, das Gold auf dem Rücken von Maultieren zu befördern. Maultiere sind ausdauernder und bewegen sich in steinigem Gelände trittsicherer als Pferde, und wenn sie auch manchmal eigensinnig sind, so kann man sie, wenn man sie gut führt, als Lastenträger im Gebirge gut einsetzen. Der Goldstaub, der etwas über 300 Pfund (140 Kilogramm) wog, konnte auf zwei Maultiere verteilt werden. Als zusätzlichen Schutz, und um etwaige Wegelagerer zu verwirren, wurde darüber hinaus beschlossen, nicht nur zwei, sondern zehn Tragtiere mitzuführen und einen ganzen Zug zu bilden. Niemand sollte wissen, welche Tiere den Schatz trugen, und mögliche Banditen, deren Erfolg ja auf dem Überraschungsmoment und blitzschnellem Handeln beruhte, fanden vielleicht in ihrer Hast nicht das richtige Tier.

Der Kurier und der Wachmann, die *Wells Fargo* auswählte, um diesen großen Transport von den Bergen nach Shasta City zu bringen, waren mutige und erfahrene Männer. Sie wussten, wie allein auftretende Straßenräuber für gewöhnlich ihre Überfälle durchführten. Entsprechend waren sie bemüht, sich vor solchen zu schützen. Der Kurier, der für den Transport verantwortlich war, ging an der Spitze des Maultierzugs. Der Wachmann sollte die Nachhut bilden. Damit war zum einen dafür gesorgt, dass keines der Tragtiere zurückblieb. Vor allem aber schien durch diese Aufteilung auch gesichert, dass ein Straßenräuber kaum eine Chance hatte. Wenn nämlich der Kurier überrascht und mit einer Flinte bedroht wurde, konnte der Wachmann sich sofort in dem Gesträuch am

Wegesrand verbergen und dann den Räuber von hinten attackieren. Falls der Bandit einer der wirklich niederträchtigen Gesellen war, die ohne Warnung sofort das Feuer eröffneten, konnte der Wachmann auf ihn schießen, bevor er eine Chance hatte herauszufinden, welche der Maultiere den Schatz trugen.

Als weitere Vorsichtsmaßnahme wählte der Kurier Maultiere aus, die den Pfad von früheren Transporten her gut kannten und von einem Maultierstall in Shasta City vermietet wurden. Sollten sie je in Panik geraten, so würden sie, das wusste man aus Erfahrung, schnurstracks und ohne Umwege nach Hause in ihren Stall zurückkehren und, so hoffte man, das Gold dabei wieder mitbringen.

Um äußerste Geheimhaltung zu gewährleisten, wurden die Tragtiere auf dem Gelände der Mine schon vor Anbruch der Morgendämmerung beladen. Überall auf dem Gelände hielten sich Mitarbeiter von *Wells Fargo* auf, die das Verladen überwachten. Sie hielten nach möglichen Dieben Ausschau und hatten ihre Schusswaffen, teils Flinten und teils Revolver, feuerbereit auf die Arbeiter gerichtet. Man hatte darauf geachtet, dass alle Packsättel gleich aussahen. Damit die Traglasten auch gleich schwer waren, wurde das Gold in der Mitte von zwei Packladungen verstaut, während in den anderen Ladungen Sandsäcke als Leergut versteckt wurden. Keinem

der Maultiere wurde ein Halfter oder Zaumzeug angelegt. So würde es für einen Räuber schwierig werden, die Tiere festzuhalten oder gar mit sich zu ziehen.

Schließlich begab sich der Zug auf den Weg. Es wurde ein schöner Tag, und die Aprilsonne brannte ungewöhnlich heiß. Die schwitzenden Maultiere trotteten langsam in langer Reihe die steile Bergstraße hinauf. Die Köpfe nickten dem Schotterbelag des Wegs zu, die sonst so steifen Ohren hingen schlaff herab. Vorn an der Spitze ging der Kurier, der wie auch der Wachmann den Blick in den tiefen Abgrund vermied, der rechts des Weges klaffte. Beide Männer hielten die Flinte schussbereit im Arm. Sie behielten die Gegend aufmerksam im Auge und suchten das Gestrüpp zu ihrer Linken nach der geringsten Bewegung ab.

Die Banditen schlagen zu

Als dann der Maultierzug endlich auf dem Bergkamm ankam, schnappte die Falle der Banditen zu. „Überfall!", rief plötzlich eine gellende Stimme aus den Büschen und ließ die Begleiter des Transports erschrocken herumfahren. „Hände hoch!", befahl die Stimme weiter. Und noch bevor die beiden Männer reagieren konnten, fand jeder den Lauf eines Gewehres unmittelbar auf seinen Kopf gerichtet. Während die unglücklichen *Wells-Fargo*-Männer entwaffnet wurden, sprangen weitere Banditen auf den Weg, machten sich an den Maultieren zu schaffen und trieben diese dann mit lauten Schreien und Stockhieben in die Flucht. Wie man bei *Wells Fargo* richtig vorausgesehen hatte, fanden die Maultiere dann auch tatsächlich den Weg zu ihrem Stall zurück. Das Gold war jedoch verschwunden.

George Skinner und seine Leute hatten es irgendwie geschafft, den Schatz zu stehlen. Es gab zahlreiche Gerüchte über das Vorgehen der Bande. Manche vermuteten, Dick habe einen der Stallknechte bestochen, während andere den Kurier oder den Wachmann verdächtigten, mit den Räubern unter einer Decke zu stecken. Die Wahrheit kam nie ans Licht, aber so viel stand fest: Irgendjemand musste den Banditen verraten haben, in welchen Packsätteln das Gold versteckt war.

Nach dem Überfall musste die Bande die Beute so schnell wie möglich fortschaffen. Um den reibungslosen Abtransport des Goldes zu gewährleisten, war Rattlesnake Dick zusammen mit einem Helfer schon vor dem Überfall aufgebrochen, um Packtiere zu stehlen, die den Schatz tragen sollten. George Skinner und die übrigen Männer warteten jedoch vergeblich auf Dick und die Transporttiere. Einige Tage vergingen, und die Bandenmitglieder wurden immer nervöser. Aber Dick und sein Helfer erschienen nicht. In seiner Bedrängnis beschloss George schließlich abzuziehen. Da sie nicht das gesamte Gold mitnehmen konnten, vergruben sie die Hälfte des Schatzes. Die andere Hälfte teilten die Banditen unter sich auf. Außer George Skinner waren es noch vier weitere Männer. Mit dieser schweren Last kamen sie nur langsam voran, und Reiter wie Pferde waren erschöpft und froh, als sie schließlich in ihrem Versteck bei Auburn ankamen.

Die Diebe werden gefasst

Währenddessen war die Gegenseite nicht untätig geblieben. Sofort, als die Nachricht von dem großen Überfall San Francisco erreichte, sandte *Wells Fargo* seine besten Detectives, um den Schauplatz des Raubes zu untersuchen. Dort fanden sie viele Anzeichen dafür, dass mindestens ein halbes Dutzend Männer an dem Überfall auf den Maultierzug teilgenommen hatten. Aber kein einziger verräterischer Fußabdruck konnte sichergestellt werden. Die Straßenräuber waren spurlos verschwunden. *Wells Fargo* setzte daraufhin eine riesige Belohnung aus für jeden, der brauchbare Informationen über die Bande und den Überfall liefern konnte. Doch man erfuhr nichts.

So gingen einige Wochen ins Land. Dann hatten die Gesetzeshüter endlich Glück. Ein Detective von *Wells Fargo* hatte Gerüchte darüber gehört, wo sich die Räuber aufhielten, und dem Sheriff einen Tipp gegeben. Und als die Banditen ihr Versteck das nächste Mal verließen, liefen sie der Hilfstruppe des Sheriffs geradewegs in die Arme. Sofort brach ein Schusswechsel los, und George Skinner wurde tödlich getroffen. Ein anderer Bandit wurde verwundet. Zwei weitere ergaben sich. Sie wurden später vor Gericht gestellt und zu einer Gefängnisstrafe von jeweils zehn Jahren verurteilt. Nur einer der Banditen kam unverletzt und ohne Strafe davon. Denn er war es, der den Sheriff und die *Wells-Fargo*-Agenten zu dem Versteck von Skinners Leuten geführt hatte. Dort fand man dann noch Gold im Wert von 40 000 Dollar. Die andere Hälfte der Beute aber blieb verschwunden.

Die Klapperschlange kehrt zurück

Warum aber waren Dick und sein Helfer nicht zum Ort des Raubs zurückgekommen? Dafür gab es einen guten Grund. Sie saßen nämlich ebenfalls im Gefängnis. Im Placer-Distrikt waren sie bei dem Versuch, Maultiere zu stehlen, festgenommen worden. Sie entkamen jedoch wieder, bevor man ihnen den Prozess machen konnte. Nach ihrer Flucht suchten auch sie wochenlang nach dem vergrabenen Gold, blieben dabei jedoch ebenso erfolglos wie die *Wells-Fargo*-Leute. Bei dem Versuch, das Gold zu finden, wurde Dicks Helfer erneut von den Sheriffs aufgegriffen und zu vier Jahren Gefängnis verurteilt. Dick selbst konnte vorerst nicht gefasst werden. Er hielt sich einige Monate lang versteckt, und wenn er in dieser Zeit Straftaten beging, ist darüber nichts bekannt. Ab 1857 wurden wieder Gerüchte über ihn laut, und er wurde an verschiedenen Orten gesichtet. Bald war klar, dass er eine neue Bande gebildet hatte. Zusammen mit dieser Bande beging Dick erneut zahlreiche Verbrechen, wenn auch keine so spektakulären wie den Überfall auf den Maultierzug. Seine neuen Erfolge machten den Bandenführer immer wagemutiger, und schließlich ließ er alle Vorsicht beiseite und zeigte sich frech in der Öffentlichkeit.

Wer findet den Schatz?

Diese Kühnheit wurde Rattlesnake Dick im Jahre 1859 dann endlich zum Verhängnis, als er zusammen mit einem anderen Outlaw am helllichten Tage durch die Straßen von Auburn ritt. Das war eine Unverfrorenheit, denn in dem Städtchen kannte man ihn noch von der Gerichtsverhandlung her. Die Leute benachrichtigten sofort den Sheriff, der in Windeseile eine Posse zusammenstellte und sich auf die Jagd nach den Verbrechern machte. Es fiel ihnen nicht schwer, die Banditen zu finden. Die beiden hielten gerade mit ihren Pferden vor dem örtlichen *drugstore* an, der auch als Kneipe diente, und wollten sich offenbar einen Drink genehmigen. Der Sheriff ritt auf sie zu und fragte, wer von ihnen Dick Barter sei. „Wer seid ihr, und was wollt ihr von ihm?", fragte Rattlesnake Dick daraufhin zurück, zog dabei jedoch bereits seinen Revolver und schoss. Einer der Hilfssheriffs fiel, in die Hüfte getroffen, vom Pferd. Die drei anderen feuerten zurück, und eine ihrer Kugeln traf ins Ziel.

Dick schwankte im Sattel, doch er schaffte es, zusammen mit seinem Kumpan davon zu galoppieren. Weit kam er allerdings nicht. Der Fahrer einer Postkutsche fand seine Leiche am Tag darauf am Straßenrand gleich hinter Auburn.

Der Schatz jedoch wurde bis heute nicht entdeckt. Man sagt, er sei unweit von Auburn, irgendwo westlich der heutigen Stadt Redding zu finden. Der Überfall geschah in der Nähe der Quelle des Baches Clear Creek, und manche vermuten, dass der Schatz knapp 20 Kilometer südlich vom Ort des Überfalls vergraben wurde. Wer möchte, kann heute noch immer danach suchen.

Die Dalton-Bande

Die Daltons waren harte Halunken und Banditen, aber während Black Bart oder Rattlesnake Dick in Kalifornien ihr Unwesen getrieben hatten, machten die Brüder mit ihrer Bande die Gegend westlich des Mississippi unsicher.

Die Daltons bilden eine Bande

Aufgewachsen waren die Dalton-Brüder in einer anständigen Farmerfamilie im Oklahoma-Gebiet, nördlich von Texas. Der älteste, Frank, arbeitete sogar als Deputy Marshal, also als Polizist. Er wurde jedoch im November 1887 von Banditen erschossen. Danach gingen die drei jüngeren Brüder Grat, Bob und Emmet ebenfalls in den Polizeidienst, vermutlich, um Franks Tod zu rächen. Warum sie dann zu den wüsten Übeltätern wurden, die ganze Ortschaften in Angst und Schrecken versetzten, weiß man nicht so genau. Manche vermuten, dass es damit zu tun hatte, dass eine Eisenbahngesellschaft ihre Schienen über das Farmland der Daltons baute und die Familie sich nicht dagegen wehren konnte.

Wie dem auch sei, eine schlimme Entwicklung begann, als die Gemeinde, in der die Brüder angestellt waren, ihnen ihren Lohn nicht mehr bezahlen konnte oder wollte. Da beschlossen sie, alle Gesetzestreue aufzugeben und ihren Vorteil außerhalb des Rechts zu suchen.

Bob war immer der wildeste von ihnen gewesen. Als er erst 19 Jahre alt war, hatte er als Deputy Marshal schon einmal einen Mann getötet. Er sagte damals, er sei bedroht worden; aber einige Leute hegten den Verdacht, Bob habe geschossen, weil der Mann versucht hatte, sich an sein Girlfriend heranzumachen. Im März 1890 wurde Bob beschuldigt, Alkohol in das Indianer-Gebiet von Oklahoma gebracht zu haben, was verboten war. Er wurde verhaftet und dann freigelassen gegen ein Geldpfand und das Versprechen, am Ort zu bleiben. Doch er erschien nicht zur Gerichtsverhandlung und verschwand. Im September 1890 wurde sein Bruder Grat wegen Pferdediebstahls verhaftet – das war ein Verbrechen, auf dem die Todesstrafe stand –, aber man konnte ihm offenbar nichts nachweisen, und er wurde wieder freigelassen. Doch der Ruf der Daltons war nun so schlecht, dass sie nicht mehr als Gesetzeshüter arbeiten konnten. Da bildeten sie ihre erste Bande.

Ein Sprung ins kalte Wasser

Grat, Bob und Emmett gingen nach Kalifornien, wo bereits ihr Bruder Bill lebte. Dort schlossen sie sich mit einigen anderen Gleichgesinnten zusammen. Am 6. Februar 1891 schritten sie zur Tat und überfielen einen Personenzug der *Southern Pacific Railroad*. Einige Bandenmitglieder wurden gefasst und wegen des Raubes angeklagt. Bill Dalton kam aus Mangel an Beweisen wieder frei, sein Bruder Grat allerdings wurde zu 20 Jahren Gefängnis verurteilt. Ihm gelang es jedoch, sich auf spektakuläre Weise der Strafe zu entziehen, als er mit dem Zug in das berüchtigte Staatsgefängnis San Quentin verlegt werden sollte.

Zwei Deputy Marshals wurden Grat zur Begleitung beigegeben, wobei er an einen von ihnen mit einer Handschelle gefesselt wurde. Nachdem der Zug eine gute Strecke zurückgelegt hatte, schlief sein Begleiter ein. Der andere stand etwas abseits und unterhielt sich mit den übrigen Passagieren im Abteil. Es war ein heißer Tag, und alle Fenster standen offen. Plötzlich sprang Grat auf und stürzte sich kopfüber aus dem Zugfenster. Er landete im San-Joaquin-River, verschwand sofort unter der Wasseroberfläche und wurde von der Strömung flussabwärts getrieben. Die Deputys konnten das Geschehen zuerst gar nicht begreifen. Grat hatte offenbar den Schlüssel für die Handfesseln gestohlen, als der Deputy schlief, und dann mit seiner Flucht so lange gewartet, bis der Zug über eine Brücke fuhr. Wenn er auf dem Erdboden gelandet wäre, hätte er den Aufprall vermutlich nicht lebend oder zumindest nur schwer verletzt überstanden. Den Sprung ins Wasser aber überlebte er unbeschadet. Er stieß wieder zu seinen Brüdern, und sie begaben sich zurück nach Oklahoma.

Zugräuber

Dort angekommen blieben sie nicht lange untätig. Zwischen Mai 1891 und Juli 1892 raubten sie vier Züge im Indianer-Gebiet aus. Sie begannen am 9. Mai 1891 mit einem Überfall auf den Santa-Fe-Zug in Wharton, dem heutigen Perry. Dabei erbeuteten sie allerdings nur einige Hundert Dollar, aber sie hatten als Team gut zusammengearbeitet, was sie zu weiteren Überfällen ermutigte. Als sie durch Orlando kamen, stahlen sie acht oder neun Pferde. Vier Monate später nahm die Dalton-Bande den Passagieren eines Zuges bei Lillietta im Indianer-Gebiet 10 000 Dollar ab. Im Juni 1892 stoppten sie einen anderen Santa-Fe-Zug, diesmal bei Red Rock. Zwei Banditen zwangen den Lokomotivführer und den Heizer mit vorgehaltener Pistole, sich in der Lokomotive still zu verhalten, während Bob und Emmett zusammen mit einem weiteren Bandenmitglied die Fahrgäste in den Personenwagen ausraubten. Grat und ein weiterer Kumpan nahmen sich den Express-Wagen vor und warfen den Safe aus dem Zug. Wiederum brachten ihnen ihre Anstrengungen nicht viel ein, sie erbeuteten nur ein paar Hundert Dollar und einige Uhren und Schmuckstücke.

Nach dem Raub bei Red Rock zerstreute sich die Bande. Die Banditen wurden gejagt, konnten sich aber immer erfolgreich einer Verhaftung entziehen. Nur eines ihrer Mitglieder, Blackfaced Charley (er hieß so, weil seine rechte Wange durch eine Pulverexplosion schwarz gefärbt war), wurde von einem Deputy Marshal festgenommen. Auf dem Weg zum Gefängnis in Wichita, Kansas, griff sich Charley einen Revolver von einem Eisenbahnarbeiter, der dem Deputy Marshal als Hilfe beigegeben worden war. Ein Schusswechsel brach los, in dessen Verlauf sich Charley und der Marshal gegenseitig umbrachten.

Im Juli 1892 schlugen die Banditen wieder zu, diesmal in Adair, Oklahoma, nahe der Grenze nach Arkansas. Sie gingen direkt zum Bahnhof und raubten den Express- und den Gepäckschalter aus. Dann setzten sie sich auf eine Bank auf dem Bahnsteig, legten ihre Winchester-Flinten über ihre Knie, zündeten sich Zigaretten an und unterhielten sich miteinander. Als der Zug um 21:45 Uhr einfuhr, schoben sie einen Güterwagen an den Express-Wagen heran und luden dessen gesamten Inhalt um. Im Zug befanden sich elf bewaffnete Wachleute, die aber aus Furcht ihre Wagen nicht verließen. Stattdessen schossen sie aus den Wagenfenstern und durch die Hinterwand des letzten Personenwagens auf die Bande. Die Banditen erwiderten das Feuer. Aber obwohl insgesamt über 200 Schüsse fielen, wurde keiner von der Dalton-Bande getroffen, lediglich drei der Wachleute wurden verwundet, und ein ortsansässiger Arzt wurde durch eine verirrte Kugel getötet. Die Räuber verschwanden, ohne eine Spur zu hinterlassen. Vermutlich versteckten sie sich eine Zeit lang in einer der Höhlen bei der Stadt Tulsa in Oklahoma.

Bankraub und verdientes Ende

Die Bande hätte nun weiterhin Züge ausrauben können, aber Bob Dalton hatte größere Pläne. Er wollte erreichen, dass sein Name den Amerikanern noch lange im Gedächtnis blieb und prahlte damit, dass er einen Coup landen würde, der alles in den Schatten stellen sollte, was Jesse James jemals getan hatte. Er beabsichtigte, zwei Banken gleichzeitig ausrauben – und das bei helllichtem Tage.

Am 5. Oktober 1892 wollte die Bande das Kunststück vollbringen, die *C. M. Condon & Company's Bank* sowie die *First National Bank* in Coffeyville, Kansas, gleichzeitig auszurauben. Da die Dalton-Brüder in der Stadt von früher bekannt waren, trugen sie falsche Bärte, als sie in den Ort einritten, um sich nicht sofort zu verraten.

Doch die Banditen hatten Pech. Sie wurden von einem Einheimischen erkannt, der sofort den Ort alarmierte, während die Räuber ihre Überfälle ausführten. Sofort strömten Dutzende von Leuten, mit Flinten und Revolvern bewaffnet, bei den Banken zusammen, und sobald die Banditen ins Freie traten, brach eine wüste Schießerei los. Drei Bewohner der Stadt wurden getroffen und Town-Marshal Charles Connelly kam ums Leben. Er konnte allerdings noch zurückschießen und einen der Banditen töten, bevor er selbst starb.

Grat Dalton, Bob Dalton und zwei weitere Banditen starben ebenfalls. Emmett Dalton hatte 23 Schusswunden, überlebte jedoch. Er wurde zu lebenslänglicher Haft verurteilt und saß 14 Jahre im Zuchthaus von Lansing in Kansas ab, bevor er begnadigt wurde. Danach zog er nach Kalifornien und wurde Grundstücksmakler, Schriftsteller und Schauspieler. Er starb 1937 im Alter von 66 Jahren. Ein Gerücht, dass bei dem Überfall ein weiterer Bandit in einer Hintergasse mit Fluchtpferden bereitgestanden habe und dann unerkannt entkommen sei, fand nie eine Bestätigung.

Jesse James und der Verräter

Jesse und Frank werden Outlaws

Kein Bandit hatte je einen schlimmeren Ruf als Jesse James. Ursprünglich stammte er aus guten Verhältnissen. Er wurde auf einer Farm im Staat Missouri geboren. Sein Vater verließ allerdings die Familie, als Jesse noch ein Kind war; er brach auf, um in Kalifornien nach Gold zu suchen, und kehrte nie wieder zurück. So musste die Mutter allein für Jesse und seinen Bruder Frank sorgen.

Einen entscheidenden Wendepunkt im Leben der Brüder stellte der Ausbruch des amerikanischen Bürgerkrieges im Jahre 1861 dar. Ein Jahr nach Kriegsbeginn schloss sich Jesse, der damals 15 Jahre alt war, einer Gruppe von Kämpfern in Missouri an, die nicht zur regulären Truppe gehörte und gegen Unionssoldaten und ihre Anhänger zu Felde zog. Sein Bruder Frank stieß nur wenig später hinzu. Diese Gruppe entwickelte sich bald zu einer gefährlichen Gangsterbande, die Postkutschen ausraubte, Anhänger der gegnerischen Kriegspartei brutal ermordete und ganze Ortschaften überfiel.

Als der Krieg 1865 endete, nahmen Jesse und Frank ihr bürgerliches Leben nicht wieder auf. Sie wurden Outlaws und stellten eine Bande von rund acht Männern zusammen. Am 13. Februar 1866 raubten sie eine Bank in dem Ort Liberty in Missouri aus, und während der nächsten Jahre gingen weitere zwölf Überfälle auf Banken, sieben auf Eisenbahnzüge, vier auf Postkutschen sowie verschiedene andere Straftaten auf ihr Konto. Bei diesen Gewalttaten wurden mindestens elf friedliche Bürger von der Bande getötet. Sie trieb ihr Unwesen nicht nur in Missouri, sondern auch in den Staaten West Virginia, Alabama, Arkansas, Iowa, Kansas und Minnesota.

Bankraub, Zugraub und Verpfiff

Am 7. September 1876 versuchten die Banditen, die *First National Bank* in Northfield, Minnesota, auszurauben. Während des Überfalls erschoss Jesse James den Kassierer. Als die Bande daraufhin fliehen wollte, stellten sich ihnen einige Einwohner der Stadt entgegen und eröffneten das Feuer. Drei der Ganoven starben, die anderen Bandenmitglieder wurden verwundet. Jesse James und sein Bruder Frank wurden ebenfalls von Kugeln getroffen, doch ihnen gelang die Flucht aus Northfield.

Nach diesem Fehlschlag hielt Jesse es für ratsam, sich für eine Weile unsichtbar zu machen. Er nahm den Namen J. D. Howard an und mietete ein Haus in Nashville im Staate Tennessee. Aber lange hielt er die Untätigkeit nicht aus. Bald stellte er eine neue Bande zusammen, und am 8. Oktober 1879 überfielen sie die *Chicago & Alton Railroad* bei Glendale in Missouri. Sie erbeuteten 6 000 Dollar. Von diesem Erfolg ermutigt, unternahmen sie weitere Überfälle. Bei einem davon, in Blue Cut in Missouri im September 1881, erschoss die Bande einen Schaffner und einen Pensionär. Als Antwort auf diese neuen Gewalttaten setzte der Gouverneur des Staates, Thomas Crittenden, eine Belohnung von 10 000 Dollar für die Ergreifung von Jesse James aus. Dies wurde dem Bandenchef schließlich zum Verhängnis.

Robert Ford, ein Mitglied von Jesse James' Bande, wollte sich die Belohnung verdienen und war bereit, seinen Anführer zu verraten. Am 3. April 1882 besuchte er Jesse James in seinem Haus, und als Jesse ihm den Rücken zukehrte, um ein Bild an der Wand abzustauben, schoss er ihn von hinten in den Kopf. Ford wurde daraufhin vor Gericht gestellt, des Mordes angeklagt und zum Tode verurteilt. Aber Gouverneur Crittenden hielt sein Versprechen. Bereits zwei Stunden nach dem Urteil wurde Robert Ford begnadigt und erhielt seine Belohnung.

Die Erzählung des Verräters

Dies ist der Bericht von Robert Ford an Gouverneur Thomas Crittenden:

„Am Morgen des 3. April gingen Jesse und ich wie gewöhnlich vor dem Frühstück hinunter in die Stadt, um Zeitungen zu kaufen. Gegen acht Uhr kamen wir ins Haus zurück und saßen dann im vorderen Zimmer. Jesse saß mit dem Rücken zu mir und las eine Zeitung aus St. Louis. Ich nahm mir die Times, und das Erste, was mir mit großen Schlagzeilen ins Auge fiel, war der Bericht darüber, dass sich unser Bandenmitglied Dick Liddil gestellt hatte. Da kam Mrs. James herein und sagte, dass das Frühstück auf dem Tisch stünde. Neben mir war ein Stuhl, auf dem ein Schal lag; blitzschnell hob ich den Schal hoch und schob die Zeitung drunter. Jesse kann das nicht gesehen haben, aber er stand auf, ging zu dem Stuhl, hob den Schal auf und warf ihn auf das Bett. Dann nahm er die Zeitung und ging in die Küche. Ich fühlte, dass das Spiel zu Ende war, aber ich folgte ihm und setzte mich ihm gegenüber an den Tisch.

Mrs. James goss Kaffee in die Tassen und setzte sich dann ans Ende des Tisches. Jesse breitete die Zeitung vor sich aus und begann, die Überschriften zu lesen. Plötzlich sagte er: ,Sieh mal einer an. Dick Liddil hat sich gestellt.' Und er schaute mit stechendem Blick zu mir herüber. „Junger Mann', fuhr er fort, ,du hast mir doch gesagt, du wüsstest nicht, dass sich Dick Liddil gestellt hat.' Ich sagte ihm, dass ich es nicht wusste. ,Well', sagte er, ,das ist ziemlich merkwürdig. Er hat sich vor drei Wochen gestellt, und du hast dich dort in der Gegend aufgehalten. An der Geschichte ist etwas faul.'

Er schaute mich weiterhin mit seinem stechenden Blick an. Da stand ich auf und ging ins vordere Zimmer. Eine Minute später hörte ich, wie Jesse seinen Stuhl zurückstieß und zur Türe ging. Er kam lächelnd herein und sagte freundlich:

‚Well, Bob, schon recht.' Sofort schoss es mir durch den Kopf, dass er noch etwas im Schilde führte. Es war mir klar, dass ich ihn nicht getäuscht hatte. Dafür war er viel zu schlau. Er wusste zu diesem Zeitpunkt so gut wie ich, dass ich hergekommen war, um ihn zu verraten. Aber er würde mich nicht in der Gegenwart seiner Frau und seiner Kinder umbringen.

Jesse ging hinüber zum Bett, schnallte seinen Gürtel mit den vier Revolvern ab und warf ihn auf das Bett. Es war das erste Mal im Leben, dass ich ihn ohne diesen Gürtel sah. Ich begriff sofort, dass er ihn hinwarf, um allen Verdacht, den ich vielleicht haben mochte, zu zerstreuen. Offenkundig wollte er irgendetwas tun, um mich glauben zu machen, er habe den Zwischenfall am Frühstückstisch vergessen. Deshalb sagte er: ‚Das Bild dort ist schrecklich staubig.' Auf dem Bild war kein Körnchen Staub, soviel ich sehen konnte, aber er stellte einen Stuhl darunter und stieg hinauf und begann, das Bild abzustauben.

Wie er dort stand, unbewaffnet und mit dem Rücken zu mir, kam mir plötzlich der Gedanke, ‚hier ist deine Chance, jetzt oder nie. Wenn du ihn jetzt nicht kriegst, wird er dich heute Nacht kriegen.' Ohne weiter nachzudenken oder einen Augenblick zu zögern, zog ich meinen Revolver heraus und zielte im Sitzen. Er hörte den Hahn klicken, als ich ihn mit meinem Daumen spannte, und begann sich umzudrehen. Da drückte ich ab. Die Kugel traf ihn genau hinter dem Ohr, und er fiel herunter wie ein Holzbalken, tot.“

Billy the Kid

Billy, das Kindergesicht, war ein Outlaw wie Jesse James. Sein richtiger Name war Henry McCarty, doch er wurde wegen seines kindlichen Aussehens seit seinem 15. Lebensjahr nur noch Billy the Kid genannt. Seine Eltern starben früh, und Billy kam nach ihrem Tod rasch auf die schiefe Bahn.

Billy wird straffällig

Als Billy 16 Jahre alt war, wurde bei ihm Raubgut aus einem Überfall auf eine chinesische Wäscherei entdeckt. Es ist bis heute nicht sicher, ob er den Raub tatsächlich begangen hat, aber er wurde verhaftet und auf der Polizeiwache festgehalten. Nachdem es ihm gelungen war, durch einen Kamin zu entkommen, floh er nach Arizona, wo er sich mit ein paar Pferdedieben zusammentat. Damit begann seine kriminelle Karriere. Bereits im August 1877 verübte er seinen ersten Mord. Er erschoss einen Hufschmied, mit dem er aneinandergeraten war, konnte sich aber erneut einer Verhaftung entziehen.

Billy verschwand nach New Mexico, wo er einen Job auf der Ranch von John Tunstall annahm. Bald brach dort einer der vielen Kleinkriege aus, die es im Wilden Westen häufiger gab und bei denen es um Viehbesitz und Weiderechte und Ähnliches ging.

Als sein Boss im Februar 1878 ermordet wurde, schwor Billy Rache. Er schloss sich einer Gruppe von Tunstalls Freunden an und tötete mit ihnen zusammen einige von dessen Gegnern, darunter auch Sheriff William Brady. Im Juli wurden sie aufgespürt. Ihre Verfolger legten Feuer an das Haus, in dem sie sich versteckt hielten, und als sie herauskamen, wurden die meisten von ihnen niedergeschossen. Aber Billy entwischte erneut.

Die Jagd auf Billy the Kid

Im Oktober trat ein neuer Gouverneur in New Mexico sein Amt an. Er verkündete eine Amnestie, also Straffreiheit für alle, die an den Kämpfen teilgenommen hatten. Als Billy sich daraufhin in der Öffentlichkeit zeigte, wurde er jedoch beschuldigt, William Brady ermordet zu haben, und verhaftet. Wiederum gelang ihm die Flucht, und er gründete eine Bande, die dann mit Viehdiebstählen und zahlreichen Überfällen die Gegend unsicher machte, bis Pat Garrett 1880 zum neuen County-Sheriff gewählt wurde.

Sheriff Garrett war es ein großes Anliegen, dem Gesetz wirklich Geltung zu verschaffen, und er ging deshalb rigoros gegen alle Unruhestifter und Banditen vor. Im Dezember erschoss er zwei Mitglieder von Billys Bande und konnte die übrigen, darunter auch Billy selbst, verhaften. Billy wurde nun förmlich des Mordes an Sheriff Brady angeklagt, und das Gericht verurteilte ihn zum Galgen. Kurz vor der Hinrichtung gelang es ihm jedoch, zwei Gefängniswächter zu überwältigen. Er erschoss sie und entkam ein weiteres Mal.

Einige Wochen später wurde Billy in der Nähe von Fort Sumner gesehen, etwa zwei Tagesritte entfernt. Sheriff Garrett ritt mit zwei Gehilfen hin und spürte ihn auf einer abgelegenen Ranch auf. Am 14. Juli 1881 kam es bei dem Versuch, ihn zu verhaften, zu einem Schusswechsel. Billy wurde ins Herz getroffen und starb. Man begrub ihn am nächsten Tag auf dem dortigen Friedhof. Er wurde nur 21 Jahre alt. Manche Leute sagen, er habe in dieser Zeit 21 Menschen getötet. Heute weiß man jedoch, dass es nur neun waren. Aber sind das nicht auch bereits neun zu viel?

Belle Starr

Die Banditin im Samtkleid

Von Belle Starr erzählte man sich voll ehrfürchtiger Bewunderung zahlreiche Geschichten in den Tavernen und an den Lagerfeuern. Auch die Zeitungen berichteten häufig über die tollkühne Banditin. Sie übertraf die Männer um sich herum an List und Durchtriebenheit, und wenn es darauf ankam, auch an kühler Entschlossenheit. Sie war eine wilde Reiterin und hervorragende Schützin, ritt stets im Damensattel und war mit hohen Cowboystiefeln und einem schwarzen Samtkostüm ausstaffiert. Auf dem Kopf trug sie einen Stetson, an dem eine große Straußenfeder angebracht war. Sie hatte zwei Pistolen im Halfter, und ein Patronengürtel war um ihre Hüfte geschlungen. Wo sie ihre Bande hinführte, gab es Diebstahl, Raub, Totschlag und Mord.

Belle hieß eigentlich Myra Maybelle Shirley und wurde am 5. Februar 1848 in Carthage im Staat Missouri geboren. Ihr Vater war ein reicher Hotelbesitzer. Wäre alles normal verlaufen, so hätte sie als Erwachsene mit einem achtbaren Mann eine Familie gegründet und ein geordnetes Leben geführt. Aber Belle, wie sie von allen genannt wurde, liebte das Abenteuer zu sehr, um ein bürgerliches Leben zu führen.

Belle geht zu den Outlaws

Schon als Teenager spionierte Belle während des Bürgerkriegs für die Truppen des Südens und erstattete ihnen Bericht über die Bewegungen der Unionseinheiten. Als ihre Familie wegen der Feindseligkeiten nach Texas zog, heiratete Belle 1866 ihren Jugendfreund Jim Reed. Während dieser Ehe gebar sie zwei Kinder, wobei das ältere, ein Mädchen namens Pearl, wohl nicht von ihrem Mann stammte. Jim war Mitglied einer Bande von Outlaws und an zahlreichen Überfällen beteiligt. 1873 raubte er einem reichen Cherokee-Indianer im Indianer-Territorium von Oklahoma Goldmünzen im Wert von 30 000 Dollar. Belle wurde mitangeklagt, und sie mussten nach Kalifornien flüchten. Hier begann Belles Räuberkarriere als Mitglied in der Bande ihres Mannes. Jim Reed starb jedoch bald darauf; er wurde im August 1874 von einem seiner Kumpane erschossen.

Daraufhin gab Belle ihre Kinder zu Verwandten in Pflege und ging zurück ins Indianer-Territorium. Dort heiratete sie einen Cherokee-Indianer namens Sam Starr, der ebenfalls ein weithin bekannter Verbrecher war. Sie half ihm, von der Polizei gesuchte Leute zu verstecken, durch Bestechung eines Sheriffs Häftlinge zu befreien, Raubzüge zu organisieren, Pferde und Vieh zu stehlen und Whiskey ins Indianer-Gebiet zu schmuggeln. Bald galt sie als Anführerin seiner Bande, und ihr Ruf als eine in Samt gekleidete Schurkin verbreitete sich im ganzen Westen.

Im Jahre 1882 wurde sie einmal wegen Pferdediebstahls zu neun Monaten Haft verurteilt. Wie die Gefängnisdirektorin bestätigte, benahm sie sich im Gefängnis mustergültig. Danach kehrte sie wieder ins Indianer-Territorium zurück und nahm ihr altes Leben wieder auf. Sie wurde noch mehrmals wegen verschiedener Verbrechen festgenommen, blieb aber jedes Mal aus Mangel an Beweisen auf freiem Fuß. 1886 zum Beispiel beschuldigte man sie, als Mann verkleidet eine Poststation überfallen und ausgeraubt zu haben. Sie musste jedoch freigelassen werden, da man ihr nichts Genaues nachweisen konnte. Im Dezember jenes Jahres verlor sie ihren Mann, der bei einer Weihnachtsfeier in einem Saloon mit einem alten Gegner in Streit geriet. Es kam zu einem Schusswechsel, in dessen Verlauf beide tödlich verwundet wurden.

Schüsse aus dem Hinterhalt

Belle blieb allerdings nicht lange allein. 1889 heiratete sie noch einmal, diesmal den 15 Jahre jüngeren Jim July Starr, einen Verwandten ihres vorigen Mannes Sam. Doch die Ehe währte nicht lange. Am 3. Februar 1889, zwei Tage vor ihrem 41. Geburtstag, wurde Belle auf einer einsamen Landstraße in Oklahoma aus einem Hinterhalt in den Rücken geschossen. Sie fiel vom Pferd, erhielt einen weiteren Schuss in den Kopf und starb auf der Stelle. Man begrub sie nahe ihrem Haus im Indianer-Territorium. Bis heute ist ungeklärt, wer die tödlichen Schüsse abgab.

Belle Starr gilt aufgrund ihrer auffälligen Erscheinung, ihres abenteuerlichen Lebens und ihrer zahlreichen Verbrechen als eine der schillerndsten Figuren des Wilden Westens. Noch heute erzählt man sich, wie sie im schwarzen Samtkostüm, den Federhut auf dem Kopf, inmitten ihrer Bande von Wegelagerern und Viehdieben mit wilden Schreien und Pistolengeknall durch die Prärie galoppiert sei.

2

Im Goldland

Goldrausch

Gold bei der Sägemühle

Am 24. Januar 1848 fand James Marshall auf dem Gelände einer Sägemühle am Fluss Sacramento in Kalifornien ein gelb
glänzendes Klümpchen. Aufgeregt eilte er zu seinem Boss,
einem Deutschschweizer namens John Sutter. Beide waren
sich einig: Es war Gold!

Sie wollten die Entdeckung geheim halten, aber das war vergeblich. Die Nachricht verbreitete sich wie ein Lauffeuer um
die ganze Welt. Binnen kürzester Zeit brach ein gewaltiger
Goldrausch aus. Nach einigen Wochen werkelten schon über
4 000 Goldsucher entlang der Flüsse im Fundgebiet. Allein
im Jahr 1849 strömten mehr als 80 000 Glücksritter nach Kalifornien, die sogenannten Forty-niners. Der Zustrom riss auch
in den folgenden Jahren nicht ab. Die einen kamen durch die
Prärien und über das Felsengebirge, andere durch die Fieber-
sümpfe in Mittelamerika, wieder andere begaben sich auf eine monatelange Seefahrt um Kap Hoorn, die Südspitze Süd-
amerikas.

Die Glücksritter in Kalifornien

Wenn ein Goldsucher in Kalifornien ankam, wählte er sich
zunächst ein Gebiet von ein paar Hundert Quadratmetern
aus, auf dem nach der Auskunft anderer wohl etwas gefunden werden konnte. Hier trieb er einen Pfosten in den Boden

und befestigte daran ein Schild mit seinem Namen und seinem Anspruch auf das Land. Dann er errichtete ein Zelt oder zimmerte eine einfache Hütte zusammen. Und dann ging es an die Arbeit.

Die Prospektoren, wie sie genannt wurden, schaufelten Erde in eine flache, runde Metallschüssel und gossen Wasser darauf. Langsame, kreisende Bewegung schwemmte die leichtere Erde nach oben, die dann abgeschüttet werden konnte. Übrig blieben in der Mitte die schwereren Steine und schließlich das Gold, wenn es welches gab. Bald lernte man, diese harte Arbeit – es war sehr anstrengend, den ganzen Tag die Schüssel zu schwenken – dadurch zu erleichtern, dass man Wasser von einem Bachlauf ableitete und es ständig über eine Art viereckiger, aus Holzbrettern gefertigter Schüssel fließen ließ; mit dieser Technik musste nur noch Erde nachgefüllt werden.

Das Leben der Goldsucher war sehr entbehrungsreich, und die meisten fanden, wenn überhaupt, nur bescheidene Mengen von Goldkörnchen oder auch nur Goldstaub. Lebensmittel musste man teuer bei fahrenden Händlern oder in schnell errichteten Kramläden kaufen. Gemüse oder Obst gab es kaum, die Goldsucher lebten hauptsächlich von getrocknetem Fleisch, Bohnenkernen, Brot und Whiskey. Viele waren von Skorbut oder anderen Mangelerkrankungen befallen. Wer Spaß haben wollte, konnte abends oder am Wochenende in eine der rasch aus dem Boden schießenden Bretterstädte gehen, wo es Hotels, Kneipen, Geschäfte und Pfandleiher, aber in den ersten Jahren noch keine Polizei oder Gerichte gab. Da kein funktionierendes Rechtssystem existierte, tummelten sich hier auch alle Sorten von Gaunern und Hehlern, Glücksspielern und Dirnen, Betrügern und Dieben, die den Prospektoren ihr mühsam erarbeitetes Gold rasch wieder abnehmen wollten. Die Kriminalität war sehr hoch, gewalttätige Auseinandersetzungen und Schießereien waren häufig, und selbst friedliche Leute konnten Messerstechereien manchmal nur knapp entgehen.

Das Ende des Goldrausches

Bald war das goldträchtige Gelände an der Oberfläche gründlich durchwühlt, und man fand nur noch kleine Mengen des Edelmetalls. Also musste man in die Tiefe graben. Weil dazu jedoch teure Maschinen nötig waren, endete Mitte der 1850er Jahre die Goldjagd einzelner Glücksucher häufig ganz von selbst. Insgesamt waren wohl an die 250 000 hoffnungsvolle Prospektoren nach Kalifornien gekommen. Sie hatten über 90 Tonnen Gold geschürft, was heute einem Wert von rund 300 Millionen Dollar entspricht. Für den Einzelnen blieben umgerechnet nur etwas mehr als 1 000 Dollar übrig. Der Traum vom großen Reichtum ging für die meisten Goldsucher trotz aller Mühen und Entbehrungen nicht in Erfüllung.

Der Pony Express

Als 1848 in Kalifornien Gold gefunden wurde, brauchte eine Nachricht noch viele Wochen, um von New York oder Washington aus an die Pazifikküste zu gelangen. Das Land im Westen war sehr dünn besiedelt, und es existierte keine ausgebaute Verbindungsstrecke von der Atlantikküste bis nach Westen. Aber in Kalifornien wuchs die Bevölkerung rasch. Geschäftsverbindungen mit dem Osten entstanden. Man musste Informationen, Waren, Bestellungen und Zahlungsmittel austauschen, je schneller, desto besser. Obwohl schon bald ein Kutschendienst durch die Prärie und über das Felsengebirge eingerichtet wurde, war Ende der 1850er Jahre ein Brief immer noch mindestens drei Wochen lang unterwegs.

In zehn Tagen über den Kontinent

Um Zeit zu sparen, entwickelten drei Geschäftsleute namens Hepburn Russel, Alexander Majors und William B. Waddell den Plan, statt der langsameren Kutschen nur schnelle Reiter einzusetzen. Damit war der Pony Express geboren, der schnellste Postdienst quer durch Amerika.

Sie besorgten sich das nötige Geld, indem sie einige Banken von der Nützlichkeit ihres Vorhabens überzeugten, und begannen, einen Postreiterdienst aufzubauen. Wie sie schnell herausfanden, war dies allerdings eine mühsame und sehr teure Unternehmung. Das Transportgut konnte von Osten her bis in die Mitte des Landes, an den Missouri, mit der Eisenbahn gebracht werden. Aber von da an musste man reiten. Die Strecke begann in St. Joseph und verlief quer durch das Indianergebiet, über die Rocky Mountains und durch die Salzwüsten von Utah. Es waren insgesamt etwa 3 200 Kilometer bis nach Sacramento in Kalifornien, wo die Post dann auf einen Dampfer geladen wurde, der sie schließlich bis nach San Francisco brachte.

Da die Post schnell transportiert werden sollte, musste man die Pferde und auch die Reiter auf der Strecke häufig wechseln. Und dementsprechend wurden enorm viele Pferde und Reiter benötigt. Doch die Unternehmer gingen mit viel Mut und Beharrlichkeit ans Werk. Sie richteten entlang der Strecke insgesamt 190 Stationen ein, die jeweils zwischen 15 und 30 Kilometer voneinander entfernt lagen. Solch ein Stationshaus beherbergte einen Stationsvorsteher und einen oder zwei Pferdeburschen, die einige Pferde versorgten. Wenn ein Reiter bei der Station ankam, erhielt er sofort ein frisches Pferd und konnte ohne Aufenthalt sofort weiterreiten.

In vollem Galopp

Die Entfernung von 15 bis 30 Kilometern zwischen den einzelnen Stationen wählte man, weil dies die größte Distanz war, die ein Pferd, je nach Terrain, im Galopp zurücklegen konnte. Und scharfer Galopp war vorgeschrieben. Fast 500 Pferde wurden für diesen Dienst ausgewählt; sie sollten nicht zu groß und leichtfüßig sein, aber doch so kräftig, dass sie einen Reiter und dazu noch 18 Kilogramm Transportgut tragen konnten. Insgesamt sollte die Last des Pferdes 75 Kilogramm nicht überschreiten. Das stellte auch an die Reiter besondere Anforderungen.

Gesucht: Junge, dünne, drahtige Burschen, maximal 18 Jahre alt, erfahrene Reiter, die bereit sind, täglich den Tod zu riskieren. Waisen bevorzugt. Lohn: 25 $ pro Woche.

So lautete eine Anzeige in einer amerikanischen Zeitung, die im Jahre 1860 Kuriere für den Pony Express suchte. Da die Arbeit sehr anstrengend und gefährlich war, suchte man junge, ungebundene Burschen mit einem Hang zum Abenteuer. Älteren Männern traute man die Aufgabe nicht zu. Denn es wurde nicht nur am Tage, sondern auch die Nacht hindurch geritten, und dies bei jedem Wetter und zu jeder Jahreszeit.

Die Kuriere beförderten jeweils neun Kilogramm Eilpost, dazu kam noch die Ausrüstung. Bevor sich der Reiter in den Sattel schwang, wurde eine auf beiden Seiten herabhängende Ledertasche darübergelegt, die *Mochila* (spanisch für Beutel), die insgesamt vier verschlossene Fächer enthielt. Schlüssel zu den Fächern besaßen nur der Postmaster von St. Joseph und sein Kollege am anderen Ende der Strecke in San Francisco. In diesen Fächern befanden sich die Briefe, und die

Postfirma schärfte ihren Reitern ein, dass sie bei einem Unglück oder Überfall lieber das Leben ihres Pferdes oder gar ihr eigenes riskieren sollten, als die *Mochila* zu verlieren!

Anfangs führte ein Reiter auch noch einen Wassersack mit sich, dazu eine Bibel, ein Posthorn, um damit die nächste Poststation vor seiner Ankunft zu benachrichtigen, und einen Revolver. Aber bald schon wurde das Gepäck auf den Wassersack und den Revolver beschränkt, um das Gewicht zu verringern. Im Durchschnitt ritt ein Mann sechs Etappen, also etwa 120 Kilometer, bevor er vom nächsten abgelöst wurde. Die Pferde wurden an jeder Station gewechselt. Kaum angekommen, sprang der Reiter ab, die *Mochila* wurde auf ein frisches Pferd geworfen, der Reiter stieg auf, und sofort ging es in vollem Galopp weiter. Es war eine aufreibende Arbeit. Aber die Kuriere verdienten nicht schlecht, sie erhielten 25 Dollar pro Woche in einer Zeit, in der ein ungelernter Arbeiter höchstens sieben Dollar in der Woche verdiente.

Der erste Ritt

Der erste Reiter sollte St. Joseph eigentlich am 3. April 1860 um Punkt 12:00 Uhr in Richtung San Francisco verlassen. Doch die Post aus New York und Washington wurde in Detroit aufgehalten und traf zwei Stunden zu spät in Hannibal, Missouri, ein. Deshalb wurde von dort aus eine Sonderlokomotive mit einem einzigen Waggon auf den Weg nach St. Joseph geschickt. Diese bewältigte die Strecke von 332 Kilometern in knapp fünf Stunden.

In St. Joseph brach die versammelte Menschenmenge in Jubel aus, als die *Mochila* mit 49 Briefen und fünf Telegrammen dem ersten Pferd um 19:15 Uhr über den Sattel geworfen wurde. Der Reiter sprang auf und jagte in rasendem Galopp zum Flussufer. Von dort überquerte er den Missouri in einer Fähre und galoppierte dann weiter. Ohne weiteren

Zwischenfall erreichte seine *Mochila* die Stadt Sacramento am späten Abend des 13. April. Von dort ging es dann auf dem Flussboot nach San Francisco weiter; die *Mochila* kam schließlich am 14. April frühmorgens um 1:00 Uhr bei der Endstation an. In knapp zehn Tagen hatte die Post erstmals den ganzen Kontinent durchquert!

Telegraf schlägt Pony

Der Pony-Express-Dienst war ein großer Erfolg, denn er halbierte die Zeit, die ein Brief quer durch den Kontinent benötigte. Zum Bedauern vieler wurde er jedoch bereits nach 18 Monaten wieder eingestellt. Bis dahin waren auf 308 Posttransporten insgesamt 34 753 Briefe befördert worden. Der Grund für das Ende war nicht nur, dass das Unternehmen für die Betreiber finanziell nicht rentabel genug war. Vielleicht hätte eine Erhöhung des Beförderungspreises dieses Problem beheben können.

Aber inzwischen war mit dem Telegrafen ein unschlagbarer Konkurrent aufgetreten. Am 24. Oktober 1861 wurde die letzte Lücke einer Telegrafenlinie, die Ost und West verband, endlich geschlossen. Es war jetzt möglich, Nachrichten innerhalb weniger Minuten quer durch das Land zu schicken. Dagegen kam der Reiterdienst natürlich nicht an. Nur zwei Tage später, am 26. Oktober, verkündeten die Manager des Pony Express das Ende des Postdienstes. Seiner Beliebtheit tat dies keinen Abbruch. Auch heute noch künden Denkmäler in den Städten entlang der Strecke wie Sacramento, Reno, Salt Lake City oder St. Joseph von der kurzen, aber glorreichen Zeit des Pony Express.

Mountain Charleys Geheimnis

Mountain Charley hatte ein Geheimnis, von dem niemand außer ihm selbst etwas ahnte. Den größten Teil seines Lebens hütete er es eifersüchtig und bis zuletzt erfolgreich, obwohl es in seinem Leben nicht an Gelegenheiten mangelte, in denen er es leicht hätte ausplaudern können.

Charley wird Kutscher

Charleys Familienname war Parkhurst, und er wurde im Jahr 1812 in Lebanon, New Hampshire, einem kleinen Nest an der amerikanischen Ostküste, geboren. Über seine Eltern ist nichts bekannt, denn er wuchs in einem Waisenhaus auf. Aber schon als Kind hielt er die fade und eintönige Routine in der Anstalt nicht aus, und als er etwa 13 Jahre alt war, riss er von dort aus. Zunächst schlug er sich mühsam auf eigene Faust durch. Aber dann fand er einen Job bei Ebenezer Balch, einem Fuhrunternehmer in Worcester, Massachusetts, nicht allzu weit von dem Waisenhaus entfernt.

Mr. Balch hatte wohl Mitleid mit dem hungrigen, elternlosen Jungen. Er bot Charley an, bei ihm wohnen und essen zu können, wenn er bereit sei, dafür zu arbeiten. Charley ging darauf ein und verdiente sich während der nächsten Jahre seinen Lebensunterhalt durch Säubern der Pferdeboxen, Kutschenwaschen und Schrubben der Böden.

Mit den anderen Stallburschen kam Charley gut aus, auch wenn diese sich darüber wunderten, dass Charley nicht bei ihnen schlafen wollte, sondern sein Nachtlager lieber im Stall bei den Pferden aufschlug. Aber Charley zuckte nur mit den Achseln und sagte, dass er eben besser mit den Pferden als mit Menschen zurechtkäme. Und da er sonst ein guter Kamerad war, ließ man ihn gewähren.

Charley war ein fleißiger Helfer und bemühte sich, alles über Pferde zu lernen. Wenn die Kutscher, hoch auf ihren

Böcken thronend, nach weiter Reise zurückkehrten oder sich Peitschen knallend mit ihren Gespannen auf den Weg machten, so konnten sie sicher sein, dass Charley jede ihrer Bewegungen und jedes Wort registrierte. Mr. Balch, der Besitzer des Stalles, freute sich, dass sein junger Angestellter so eifrig war, und brachte ihm selbst das Kutschieren bei. Mit zwei Pferden kam Charley schon bald gut zurecht. Da war das Fahren mit einem Vierspänner schon schwieriger. Und nicht jedes Pferd fügte sich leicht dem Zügel. Doch schließlich lehrte Balch ihn auch noch die hohe Kunst des sechsspännigen Fahrens, wobei man alle sechs Zügel in der linken Hand und die Peitsche in der rechten halten muss. Dafür braucht man viel Kraft und außerdem ein ausgezeichnetes Fingerspitzengefühl. Aber Charley war ein Naturtalent und wurde allmählich als einer der besten Kutscher an der ganzen amerikanischen Ostküste bekannt. Manche von Mr. Balchs Kunden mieteten die Kutschen nur unter der Bedingung, dass Charley selbst kutschierte.

Charley sticht die anderen aus

Nach einigen Jahren fand Charley, er habe lange genug im Osten des Landes gelebt. Es war die Zeit, als es noch viel freies Land im Westen gab, und viele Leute zogen dorthin, um sich in der Prärie anzusiedeln. Charley wollte zwar selbst keine Farm gründen, aber er hatte vor, irgendwo als Fuhrmann zu arbeiten. Und so verabschiedete er sich von seinem Boss und zog westwärts. Er kam in die Stadt Council Bluffs im Staat Iowa, die bereits jenseits des Mississippi liegt. Dort hörte er, dass ein Unternehmer namens Benjamin Holiday Fuhrleute für seine Kutschenlinie suchte, die Fahrgäste und Waren über die Berge weiter nach Westen transportierte.

Old Ben, wie ihn seine Fahrer nannten, stellte hohe Ansprüche an seine Angestellten. Er schickte die Fuhrleute auf eine gefährliche Strecke, die den Passagieren Angst und den

Fahrern Respekt einflößte. Sie führte steil durch die Berge, und besonders in den Kurven ging es häufig schrecklich eng zu. Zuweilen konnte man Rillen sehen, die von den Querbalken der Wagen in die Felswand gekratzt worden waren, weil die Pferde nicht genug Platz zum Wenden hatten. Während an vielen Stellen der Fels auf der einen Seite des schmalen Weges steil in die Höhe ragte, ging es auf der anderen Straßenseite Hunderte von Metern tief in den Abgrund. Immer wieder kam es zu Unfällen, und nicht wenige Fuhrleute verloren dabei ihr Leben.

Aber genau diese Schwierigkeit bescherte Charley seine nächste Stelle. Als er sich am ersten Montag nach seiner Ankunft in Council Bluffs zu Bens Büro begab, warteten dort schon an die drei Dutzend Bewerber darauf, für einen Kutscherposten geprüft zu werden. „Hast du schon einmal einen Wagen kutschiert? Wie lange? Wie nahe kannst du an den Rand eines Steilhangs heranfahren, der 1000 Fuß senkrecht in die Tiefe führt? Wann bist du dabei noch vollkommen sicher? Sind deine Pferde noch sicher? Deine Passagiere?" Diese Sorte Fragen schoss Ben auf die Fahrer ab, die sich in seinen Dienst begeben wollten.

Die Männer wollten ihre Fahrkünste in einem besonders guten Licht darstellen und überboten sich geradezu in ihrem Wagemut.

Charley beobachtete die Szene und bekam allmählich ein ungutes Gefühl. Dann steckte er ein frisches Stück Kautabak zwischen die Zähne, schloss sein Klappmesser, das ihm seit vielen Jahren sowohl beim Schneiden des Kautabaks als auch bei der Reparatur von Zaumzeug und beim Häuten von Wild gute Dienste leistete, und stand auf. Als er die Tür fast erreicht hatte, sagte er über die Schulter: „Mr. Holiday, ich glaube, ich bin nicht Ihr Mann. Ich würde so weit weg von diesem Felsrand bleiben, wie die Radnaben es mir erlauben." – „Du bist gerade der Mann, den ich brauche!", rief Holiday, und Charley hatte seinen Posten.

Charley erhält seinen Spitznamen

Charles arbeitete daraufhin drei Jahre lang als Kutscher für Old Ben, ohne je einen Unfall zu verursachen. Aber in Kalifornien war inzwischen das Goldfieber ausgebrochen, und man hörte viele Geschichten von großen Verdienstmöglichkeiten, auch wenn man nicht selbst nach Gold grub. Deshalb zog auch Charley weiter nach Westen. Er fand leicht eine neue Stelle und kutschierte nun durch die wilden Goldgräberstädte, die im Westen wie Pilze aus dem Boden sprossen – Rough and Ready, Grass Valley und Placerville.

Während dieser Zeit verlor Charley ein Auge, was ihm den Spitznamen One-eyed Charley, Charley mit dem einen Auge, einbrachte. Er wurde allerdings nur hinter vorgehaltener Hand so genannt, denn er liebte es nicht, verspottet zu werden, und konnte kräftig zuschlagen.

Es ist nicht ganz sicher, wie er sich die Verletzung zugezogen hat. Manche behaupteten, dass Charley sein Leitpferd Pete beschlug und gerade ein neues Hufeisen aufnagelte, als das Pferd ausschlug und ihn ins Gesicht traf. Andere sagen, dass beim Hämmern ein Nagel nach oben sprang und Charley im Auge steckenblieb. Wieder andere erzählen, dass eigentlich eine Klapperschlange an dem Unglück schuld war. Sie sei auf dem Weg vor der Kutsche aufgetaucht und hätte die Pferde nervös gemacht. Charley hätte daraufhin angehalten, um die Tiere zu beschwichtigen. Da habe sich die Schlange aufgerichtet, und das Leitpferd Pete hätte vor Schreck ausgeschlagen und den Kutscher am Auge getroffen.

Wie dem auch sei, die Episode setzte weder Charleys Liebe zu den Pferden noch seiner Freude am Kutschieren ein Ende. Er war rasch zu einem in ganz Nordkalifornien angesehenen Fuhrmann geworden und arbeitete für die Firma *Wells Fargo*, die ihm auch öfter besondere Aufträge anvertraute. Einmal soll er sogar mit einer großen Menge Gold nach New York gesandt worden sein, das er auch sicher ablieferte.

Charley kämpft gegen Räuber und den Abgrund

Zu dieser Zeit war Charley schon über 40 Jahre alt. Er war von mittlerer Größe, breitschultrig und bartlos, seine Stimme war ziemlich scharf und hoch. Als Folge des unglücklichen Hufschlags trug er über dem leeren Auge eine schwarze Augenklappe. Das andere Auge, scharf wie das eines Falken, blinzelte unter einem zerbeulten Hut hervor, der ein ledriges, sonnengebräuntes Gesicht beschattete. Wenige konnten es ihm gleichtun im Gebrauch der Peitsche. Aus einer Entfernung von fünf Metern konnte er die Kante eines Briefumschlags aufschlitzen oder einem Freiwilligen die Zigarre aus dem Mund schlagen.

Das Leben unter den Fuhrleuten hatte ihn gelehrt, seinen Mann zu stehen, auch wenn es gelegentlich rau zuging. Er rauchte Zigarren, kaute ständig Tabak, trank zwar nur mäßig Whiskey, aber er spielte häufig Karten und würfelte um Drinks. Obwohl er immer gut gelaunt und gesprächig war, erzählte er kaum jemals etwas über sich selbst.

Andere aber taten es gelegentlich für ihn. So soll einmal das Leitpferd gestrauchelt und von der Straße abgekommen sein, als er mit seiner Kutsche den Carson-Pass hinunterfuhr. Charley biss hart auf seine billige Zigarre. Mit aller Kraft zog er an den Zügeln, um die Pferde und die ausbrechende Kutsche unter Kontrolle zu bekommen. Aber das Gelände war zu holprig. Die hölzernen Räder zersplitterten fast, als der Wagen gegen den felsigen Straßenrand schlug. Ein schmerzhafter Stoß warf Charley von seinem Gefährt. Doch der Kutscher behielt einen klaren Kopf und hielt die Zügel auch noch fest umklammert, als er auf den Boden geworfen wurde. Die Pferde zerrten ihn ein gutes Stück weit über den Schotter, bis es ihm endlich gelang, die verängstigten Zugtiere zurück auf die Straße zu lenken und zum Stehen zu bringen. Charley hatte alle seine Passagiere gerettet und wurde von ihnen als ein richtiger Held gefeiert.

Ein anderes Mal bekam Charley es mit berüchtigten Straßenräubern zu tun, die schon seit einiger Zeit in der Gegend, wo
er seinen Transportdienst verrichtete, den Kutschen auflauer-
ten. Einer dieser Banditen trug den Spitznamen „Sugarfoot"
(Zuckerfuß). Charley hatte schon lange den Entschluss gefasst, dass er mit diesen Outlaws, ihren frechen Forderungen
und drohenden Gesten wenig duldsam umgehen würde. Als
eines Tages Sugarfoot und einige seiner Kumpane tatsächlich
seine Kutsche überfielen, knallte er wütend mehrmals mit der
Peitsche. Die Pferde stiegen hoch und gingen dann durch.
Charley zog seinen Revolver, und während die Kugeln flogen,
raste die Kutsche davon. Charley und die Passagiere blieben
unverletzt, Sugarfoot jedoch wurde später mit einer Kugel im
Bauch tot aufgefunden. Bei *Wells Fargo* war man so beeindruckt von seiner mutigen Tat, dass Charley eine große Uhr
mit einer Kette aus solidem Gold überreicht bekam, die er
von da an mit großem Stolz an Feiertagen trug.

Charleys Geheimnis wird gelüftet

Allmählich wurde Charley des ständigen Postkutschenfahrens
überdrüssig, denn es war sehr anstrengend, vier oder gar sechs
temperamentvolle Pferde auf engen, kurvenreichen Bergstra-
ßen voller Schotter und Felsbrocken zu kontrollieren. „Mein
Kutscherlohn ist nicht groß", soll er gesagt haben, „und die

Arbeit ist schwer. Ich werde alt. In meinen Knochen steckt das Rheuma. Bald werde ich wohl ins Gras beißen." Da er vorerst aber noch seinen Lebensunterhalt verdienen musste, machte er im Santa-Cruz-Distrikt, südlich von San Francisco, eine eigene Kutschenstation auf. Hier konnten seine ehemaligen Kollegen einkehren und etwas essen, falls nötig die Pferde wechseln oder sich einen guten Rat bei ihm holen. Um sein Einkommen aufzubessern, betrieb er außerdem zusammen mit einem Nachbarn namens Frank Woodward etwas Landwirtschaft und arbeitete im Winter mit ihm zusammen als Holzfäller.

So gingen noch ein paar Jahre dahin, und es schien, als gäbe es nichts weiter über Old Charley zu berichten. Aber dann starb Charley am 29. Dezember 1879 im Alter von 67 Jahren. Nach seinem Tod wurde sein Geheimnis gelüftet, das viele Leute in Erstaunen versetzte.

Eine der Zeitungen in der Gegend, die *Sacramento Daily Bee*, brachte eine Meldung darüber:

„Letzten Sonntag starb eine Person, die den älteren Einwohnern als der Kutschenfahrer Charley Parkhurst bekannt war. Er zählte in früheren Jahren zu den Besten, die je auf einem Kutschbock saßen und fachmännisch die Zügel hielten. Als nun freundliche Hände den toten Charley für seine letzte Ruhe vorbereiteten, wurde entdeckt, dass er UNZWEIFELHAFT EINE FRAU WAR!"

Leute, die „Charley" seit einem Vierteljahrhundert gekannt hatten, waren fassungslos. Ihr richtiger Name war anscheinend Charlotte Parkhurst gewesen. Nachdem das Mädchen aus dem Waisenhaus ausgerissen war, kam es offenbar auf die Idee, als Mann aufzutreten, um leichter Arbeit zu finden. Charlotte beschaffte sich neue Kleider und präsentierte sich bei Mr. Balch als Junge. So erklärt sich auch Charleys hohe Stimme und die Bartlosigkeit.

Der Arzt, der die Leiche untersuchte, bestätigte außerdem, dass die Frau schon einmal ein Kind geboren hatte. Man vermutete, dass dieses kurz nach der Geburt gestorben war. Charlotte hatte jedenfalls nie von ihm gesprochen. Ihre locker sitzende Männerkleidung verbarg immer ihre weibliche Figur, und da sie rauchte, Tabak kaute, Whiskey trank und mit der Peitsche knallte wie die Besten unter ihnen, hatten die anderen Fuhrleute nie vermutet, eine Frau vor sich zu haben.

Die sterblichen Überreste dieses berühmten „Fuhrmanns" wurden auf dem Pioneer-Friedhof im nahen Watsonville beerdigt. Im Jahre 1954, als der alte Friedhof ganz mit Grünzeug überwachsen war, entdeckte man das Parkhurst-Grab wieder. Old Charley wurde umgebettet, und man errichtete im nächsten Jahr auf der neuen Ruhestätte eine Gedenktafel.

Tough wie die Männer – Calamity Jane

Im Wilden Westen herrschten oft raue Sitten, und die meisten Frauen wollten sich da nicht ohne Not mit den Männern messen. Aber es gab auch Ausnahmen. Belle Starr war eine solche. Und eine andere war Calamity Jane. Sie ritt ebenfalls wie ein geübter Reiter, war eine gute Schützin, sie fluchte wie die wildesten Gesellen, und sie verbrachte fast ihr ganzes Leben dort, wo Gesetz und Ordnung noch keine rechte Geltung besaßen. Aber im Gegensatz zu Belle Starr war sie keine Banditin. Calamity Jane hielt sich so gut es ging an die Gesetze.

Jane muss früh hart ran

Calamity Jane hieß eigentlich Martha Jane Canary und war das älteste Kind ihrer Eltern. Diese lebten bei Martha Janes Geburt 1852 im Staat Missouri, der damals erst dünn besiedelt war. Doch zu dieser Zeit erreichte die Eisenbahn, von Osten her kommend, den Staat, und es trafen immer mehr Siedler ein. Martha Janes Eltern fanden deshalb, dass das Land zu teuer wurde und beschlossen Mitte der 1860er Jahre, mit ihrer siebenköpfigen Familie weiter nach Westen zu ziehen.

Es wurde eine schwierige Reise auf Pferden und Ochsenwagen durch Berge und Wälder, über steinige Hänge und manchmal durch reißende Flüsse.

„Häufig mussten wir die Wagen mithilfe von Seilen über Felsvorsprünge hinablassen", schrieb Martha Jane später in ihrer Lebensbeschreibung, *„denn der Weg war so uneben und zerfurcht, dass die Pferde nutzlos waren. Manchmal wurde es auch sehr aufregend, wenn wir Flüsse oder breite Bäche durchqueren mussten; denn in vielen dieser Gewässer lauerten weicher Treibsand oder sumpfige Stellen, dort mussten wir*

alle Vorsicht walten lassen, um nicht unsere Pferde mitsamt den Wagen zu verlieren."

Unterwegs traf ein schwerer Schicksalsschlag die Familie, als die Mutter sich in einem kleinen Nest im späteren Staat Montana eine Lungenentzündung zuzog, der sie dann erlag. Als im nächsten Jahr auch noch der Vater starb, musste die erst 14-jährige Martha Jane von nun an allein für ihre jüngeren Geschwister sorgen.

Wir wissen nicht, warum Martha Jane mit ihren Brüdern und Schwestern nach einiger Zeit von Montana aus weiter nach Süden zog. Wahrscheinlich hatte sie gehört, dass sich dort beim Eisenbahnbau gutes Geld verdienen ließ. Jedenfalls kam die elternlose Familie im Mai 1868 in Piedmont im bergigen Wyoming-Territorium an. Der Ort war eine einzige große Baustelle, denn die von Osten kommenden Schienen der *Union Pacific Railroad* endeten hier, und man begann gerade, den Bau der Strecke in Angriff zu nehmen, die weiter nach Westen führte. Die Eisenbahnfirma hatte den Platz gewählt, weil sie in dieser Gegend viel Quellwasser erbohren konnte, das die Lokomotiven für ihren Dampfbetrieb brauchten. Außerdem war die Gegend sehr waldreich. Man errichtete Meiler, in denen dann aus dem Holz der Umgebung Holzkohle hergestellt wurde. Mit dieser Holzkohle wurden die Dampfkessel der Lokomotiven beheizt.

Als Martha Jane und ihre Familie ankamen, standen in Piedmont erst knapp 20 Häuser, und fünf davon waren Kneipen. Aber in einem riesigen Zeltlager neben der Stadt lebten und schliefen Hunderte von Arbeitern, welche die Woche über am Bau der neuen Strecke eingesetzt wurden. Ihre Aufgabe war es, das Terrain zu begradigen, das heißt, den Boden durch Abtragen oder Aufschütten der Erde so zu ebnen, dass die Schwellen und Schienen darauf verlegt werden konnten. Die Arbeiter mussten natürlich mit allem Nötigen versorgt werden, und hier fand Martha Jane die Beschäftigung, die sie suchte. Sie betätigte sich als Geschirrspülerin und Köchin, als Kellnerin, als Kassiererin in einem Tanzlokal, als Krankenschwester, und sie lenkte sogar eine Weile lang als Fuhrmann, oder besser gesagt als „Fuhrfrau", ein Ochsengespann. Es war ein raues Leben; feine Manieren waren hier nicht so sehr gefragt als vielmehr die Fähigkeit, sich standfest und gelegentlich auch lautstark und mit deutlichen Worten oder gar mit einem Ellenbogenstoß gegen Zudringlichkeiten zu behaupten.

Calamity Jane erhält ihren Namen

Als sie 18 Jahre alt wurde, beschloss Martha Jane, ihre Geschwister, die inzwischen herangewachsen waren, nunmehr ihrem eigenen Schicksal zu überlassen. Sie selbst hatte sich nämlich etwas Neues vorgenommen: Sie wollte unter die Soldaten gehen. Es war die Zeit nach dem amerikanischen Bürgerkrieg, und die Siedler strömten in immer größerer Zahl in die weiten Gebiete des Westens. Hiergegen stemmten sich die Indianer in der Prärie und in den bergigen Regionen des Felsengebirges, und es kam oft zu Schießereien zwischen Zuwanderern und Indianern. Die amerikanische Regierung in Washington entschied sich dafür, das Problem zu lösen, indem sie Truppen gegen die Indianer schickte.

Martha Jane begab sich zu dem nicht sehr weit entfernten Fort Fetterman, wo Militär lag. Bisher hatte sie immer nur Frauenkleider getragen. Nun beschaffte sie sich ein paar Hosen, warf sich ein Hemd über und ging ins Lager, um ihre Dienste anzubieten. Sie zeigte, dass sie reiten und schießen konnte – schon als kleines Mädchen war sie viel geritten, und schießen hatte sie bereits auf der Jagd mit ihrem Vater gelernt. Da General George Crook, der die Truppe befehligte, zu wenig Soldaten für die Kämpfe gegen die Indianer hatte, nahm man sie ohne Weiteres auf und gab ihr eine Uniform. „Die Uniform war anfangs sehr ungewohnt und unbequem", schrieb sie später, „aber bald fühlte ich mich in ihr dann doch zuhause". Ihre Truppenabteilung wurde in den nächsten Monaten mehrmals gegen die Indianer eingesetzt. Seit dieser Zeit wurde Martha Jane nur noch „*Calamity Jane*", also Unheil-Jane, genannt. Sie hat selber beschrieben, wie sie zu diesem Namen kam.

„Es war am Goose Creek in Wyoming, wo jetzt die Stadt Sheridan liegt. Captain Egan führte unser Kommando. Wir sollten einen Aufstand der Indianer in der Umgebung niederschlagen. Bei einem mehrtägigen Ausritt fielen sechs unserer Soldaten, und mehrere wurden verwundet. Als wir zurückkehrten, gerieten wir kurz vor unserem Lager in einen Hinterhalt. Ich ritt vorne, aber als ich Schüsse hörte, drehte ich mich um und sah, wie sich Captain Egan, von einer Kugel getroffen, in seinem Sattel vorbeugte und im Begriff war herunterzufallen. Ich galoppierte zurück und konnte ihn gerade noch auffangen. Ich zog ihn auf mein Pferd herüber, legte ihn quer vor meinen Sattel und konnte ihn sicher in unser Fort bringen. Als Captain Egan zu sich kam, rief er aus: ,Von nun an heißt du Calamity Jane, die Heldin der Prärie'. Und seither hat man mich so geheißen."

Andere behaupten, dass Jane diese Geschichte nur erfunden hat und dass man sie so nannte, weil sie oft drohte, dass dem, der ihr etwas zuleide tue, gleich ein Unheil zustoßen würde. Wieder andere erzählten, dass sie den Namen daher trug, weil in ihrer Nähe oft eine Katastrophe lauerte. Gesichert ist folgende Begebenheit. Im Jahre 1875 wurde ihre Truppenabteilung unter General Crook an den Bighorn River geschickt. Jane wurde beauftragt, verschiedene Nachrichten zu einem entfernten Militärposten zu bringen. Sie schwamm durch den Platte-Strom und ritt, nass und durchgefroren wie sie war, in Höchstgeschwindigkeit 90 Meilen weit, also fast 150 Kilometer, um ihre Botschaften abzuliefern. Der Ritt bekam ihr allerdings schlecht, und sie lag danach einige Wochen lang krank und fiebrig in dem Militärposten. Als ein Offizier dort entdeckte, dass sie eine Frau war, wurde sie aus dem Militär entlassen.

Bei den Goldgräbern

Obwohl Jane keine Soldatin mehr war, legte sie die Männerkleidung nicht mehr ab. Von ihrer Krankheit wieder hergestellt, ritt sie nach Fort Laramie, wo sie sich einem Ochsenwagenzug anschloss, der in das Dakota-Territorium aufbrach. In den Black Hills im späteren Staat South Dakota war kurz zuvor in einem Bach Gold gefunden worden, was eine enorme Zahl von Glücksrittern herbeiströmen ließ. Eine Ansiedlung von Hütten und Baracken namens Deadwood hatte sich gebildet. Dort wohnten die Goldgräber, sie aßen und tranken in den Kneipen und verprassten oft beim Pokern oder anderen Glücksspielen einen Teil ihres gefundenen Goldes, wenn nicht sogar alles. Der Treck, dem sich Calamity Jane in Fort Laramie anschloss, hatte vielerlei Waren geladen, Lebensmittel und vor allem auch Getränke wie Bier, Whiskey und Gin. Die Männer, die mit den Wagen nach Deadwood zogen, wollten entweder selbst nach Gold graben oder aber rasch viel Geld als Kneipenwirte oder Ladenbesitzer verdienen. Auch Frauen waren dabei, die als Kellnerinnen oder Tänzerinnen arbeiten wollten; und nicht wenige leichte Mädchen waren darunter, da es in Deadwood einen großen Männerüberschuss gab.

Calamity Jane wusste, wie sie in der Goldgräberstadt ihren Lebensunterhalt verdienen konnte. Immer in Männerkleidung, arbeitete sie als Fuhrmann und transportierte mit Ochsengespannen Maschinenteile und Lebensmittel von Deadwood in die verschiedenen Außenlager. Eine Weile lang ritt sie auch als Postreiter zwischen Deadwood und einer anderen, 80 Kilometer entfernten Ansiedlung hin und her. Diese Strecke führte durch sehr felsiges Terrain in den Black Hills, und alle Welt staunte darüber, wie schnell und zuverlässig sie ihren Dienst erledigte. Dies brachte ihr großen Respekt ein, zumal sie nicht nur ebenso gut reiten konnte wie ihre besten männlichen Kollegen, sondern auch schimpfte und fluchte, Whiskey trank und Tabak kaute wie diese.

Infolge einer wahren Heldentat breitete sich dann der Ruf Calamity Janes als unerschrockener Wildwestfrau noch im Jahr ihrer Ankunft weit über Deadwood hinaus aus. Sie rettete sechs Passagieren einer Überlandkutsche das Leben. Auf einem ihrer Postritte traf sie auf eine Transportkutsche, deren Vierergespann in wildem Galopp dem Ort Wild Birch entgegenrasten. Später erfuhr sie, dass die Kutsche von Indianern überfallen worden war. Der Kutscher hing verwundet auf seinem Sitz und konnte die aufgeschreckten Pferde nicht mehr zügeln. Calamity Jane galoppierte zunächst neben der Kutsche her, bevor sie auf das Gefährt aufsprang und das gesamte Gepäck herunterwarf, um den rumpelnden Wagen vor dem Umfallen zu bewahren. Daraufhin kletterte sie auf den Kutschbock, ergriff die Zügel, beruhigte die aufgeregten Pferde und ließ sie langsam nach Wild Birch traben.

Aber Calamity Jane konnte nicht nur reiten und kutschieren wie ein Mann. Als in Deadwood die Pocken ausbrachen, rettete Jane vielen weiteren Menschen das Leben, indem sie sich als Krankenschwester betätigte. Sie half in verschiedenen Häusern und Hütten, die Kranken zu füttern und umzubetten. Auf die Ansteckungsgefahr achtete sie dabei überhaupt nicht. „Man muss wirklich staunen", sagte der in Deadwood praktizierende Arzt Dr. Lyman F. Babcock, „wie sogar hartgesottene Frauen zu Engeln werden können". Er berichtete auch, dass Calamity Jane nie eine Entlohnung oder auch nur ein Dankeschön wollte. „Wenn sie Kinder pflegte", fügte er hinzu, „oh ja, da fluchte sie manchmal und schwor, dass sie diese zu Tode prügeln würde. Aber es war eine Art liebevolles Fluchen."

Zu viel Whiskey bringt das Ende

In Deadwood wurde nach einigen Jahren nicht mehr viel Gold gefunden, und viele Leute zogen weg. Auch Calamity Jane hielt dort nichts mehr, und sie kaufte sich eine Ranch weiter westlich in Montana. Als sie später den Texaner Clinton Burke heiratete, ging sie mit ihm nach Boulder im bergigen Colorado und machte dort eine Kneipe auf. Ende der 1880er Jahre wurde ihnen auch eine Tochter geboren. Calamity Jane war aber zu unstet, um das Kind zu behalten, und ließ es von Pflegeeltern großziehen.

Sie selbst hatte bereits seit längerer Zeit andere Pläne. Seit ihrer Zeit in Deadwood hatten die Zeitungen in ganz Amerika von ihr, der reitenden, schießenden, fluchenden Frau in Mannskleidern geschrieben, und nun wollte sie ihre Bekanntheit in Geld ummünzen. In jenen Jahren reiste Buffalo Bill Cody mit seiner Wild West Show schon eine geraume Weile durch Nordamerika. Calamity Jane stieß zu ihm und begeisterte die Zuschauer als wagemutige Reiterin und treffsichere Pistolenschützin. Leider sprach sie auch immer mehr dem Alkohol zu und musste deshalb 1903 aus der Show ausscheiden. Sie ging in die Black Hills zurück, wo sie schließlich als Wäscherin in einem Hotel arbeitete. Im Juli 1903 erkrankte sie auf einer Reise nach South Dakota. Man erzählt sich, dass sie in einem Zugabteil so viel Whiskey trank, dass ihr davon übel wurde. Der Schaffner trug sie aus dem Zug und übergab sie Leuten in einer Hütte, wo sie kurz danach starb. Bei ihrem Tod trug sie nur Lederkleidung, aber keine Unterwäsche. In ihrem Gepäck fand man ein Bündel Briefe an ihre Tochter, die sie nie abgeschickt hatte.

Ihre letzte Ruhe fand Calamity Jane, so wie sie es sich gewünscht hatte, auf dem Mount-Moriah-Friedhof in Deadwood. Hunderte von Menschen gaben ihr das letzte Geleit. Ihren Sarg schloss ein Mann, den sie vor Jahrzehnten als

Jungen bei der Pockenepidemie gesund gepflegt hatte. Das Grab liegt neben dem von Wild Bill Hickock, einem Westmann, mit dem sie eine Weile zusammen gewesen war. Noch heute wird es jedes Jahr von Tausenden von Touristen besucht.

3

Die Prärie –
Land der Bisons und Cowboys

Der Bison

Ungeheure Bisonherden

Jahrtausendelang zogen ungeheure Bisonherden durch die Prärie. Die hügelige Grassteppe erstreckte sich eineinhalb tausend Kilometer weit vom Mississippi bis zu den Rocky Mountains und fast dreitausend Kilometer von der kanadischen öden Tundra im Norden bis nach Texas und zum Golf von Mexiko im Süden. Der Bison ist unseren Rindern verwandt und das größte frei lebende Tier in Nordamerika. Die Bullen werden mit ihrem Buckel, der eigentlich ein Fettpolster ist, oft bis zu zwei Meter hoch und können eine Tonne wiegen. Ihre kurzen, gebogenen Hörner gebrauchen sie vor allem, um im Wettkampf herauszufinden, wer der Stärkste ist und die Herde anführt.

Da kaum ein Feind es mit den Bisons aufnehmen konnte, vermehrten sie sich ungehemmt, solange nicht eine große Dürre das Präriegras weiträumig verdorren ließ. Da dies aber nur selten vorkam, bildeten sich Herden, die aus Tausenden und Abertausenden von Tieren bestanden. Diese folgten dem frisch keimenden Gras und wanderten im Frühjahr langsam nach Norden und im Herbst wieder zurück nach Süden. Da ihr braunschwarzes Fell im Winter zu einem dichten Pelz wurde, konnten sie notfalls auch in einem plötzlich lostobenden Schneesturm überleben. Mit ihren Hufen scharrten sie dann den Boden von Schnee frei, um an das darunter liegende Gras zu kommen. Man schätzt, dass in der Prärie ursprünglich an die 30 Millionen Bisons lebten.

Wie die Indianer die Bisons jagten

Zu den wenigen Feinden, welche die Bisons zu fürchten hatten, gehörten Wölfe und die Indianer. Ein einzelner Präriewolf hat keine Chance gegen einen mächtigen Bison. Aber Wölfe greifen meistens in Rudeln an und versuchen, die Hinterbeine des Bisons zu attackieren. Wenn sie die Sehnen durchbeißen können, fällt das schwere Tier auf die Hinterschenkel und wird so zu einer leichten Beute. Oder die Wölfe versuchen, ein langsameres Kalb abzufangen, wenn die Bisonherde von den Wölfen aufgeschreckt wird und vor ihnen flieht.

Die Indianer jagten die Bisons aus dem gleichen Grund wie die Wölfe, nämlich um zu überleben. Auch sie entwickelten im Laufe der Zeit gewisse Jagdtechniken. Da die Bisons im Grunde scheu sind und bei Gefahr meistens in Panik losrennen – im Englischen wird diese wilde Massenflucht *Stampede* genannt –, mussten die Indianer sehr behutsam vorgehen. Bei einigen Stämmen war es üblich, kleinere Herden mit einer Menschenkette zu umrunden, sodass Bogenschützen ihre Pfeile auf eines der zusammengedrängten Tiere abschießen konnten.

Andere Stämme nutzten die Tatsache aus, dass die Bisons dem Leitbullen immer blindlings folgen. Die Indianer wählten für die Jagd häufig ein Flusstal mit einem steilen Ufer aus. Dann trieben sie eine Bisonherde vorsichtig und langsam vor sich her. Näherten sie sich dem Ufer, verursachten die Jäger mit Geschrei, Stöckeschlagen und Deckenschwingen einen großen Tumult, was eine wilde *Stampede* entfesselte. Die Tiere rasten auf den Abgrund zu, und wenn der vorneweg stürmende Leitbulle das steile Ufer bemerkte, war es häufig zu spät, noch zu stoppen. Die nachdrängenden Tiere schoben ihn über den Rand und stürzten dann selbst zu Dutzenden oder gar Hunderten über die Böschung in die Tiefe, wo sie ihren Tod fanden. Tagelang schlachteten die Indianer daraufhin die Bisonkadaver aus.

Tipis, Mokassins und Pemmikan

Die Indianer verwendeten so gut wie jeden Teil der getöteten Bisons. Rohe Häute wurden über Holzrahmen gespannt und dann als Schilde gegen die Pfeile feindlicher Angreifer benutzt. Rieb man das Hirn der Bisons in die Rohhäute, so wurde aus diesen weiches Leder, das zu Satteldecken, Kleidungsstücken oder Mokassins verarbeitet und als Planen für die Zelte, die sogenannten Tipis, verwendet wurde. Mit der rauen Seite der Bisonzunge konnte man wie mit einem Kamm die Haare kämmen. Mit dem Inhalt der Galle färbte man das Leder gelb. Der Mageninhalt der Bisons diente als Medizin. Die zähe Innenhaut des Magens wurde als Kochgefäß benutzt. Dazu füllte man sie mit Fleisch, Wasser, Kräutern und wilden Zwiebeln, dann drückte man sehr heiße Steine hinein, band oben zu und wartete, bis das Essen fertig war. Mit den Sehnen der Bisons spannte man die Bogen. Die Hufe wurden gekocht, um Leim zu erhalten. Aus den Hörnern schnitzte man Löffel. Sogar den getrockneten Dung wussten die Indianer zu verwerten; da Holz sehr rar war, verbrannten sie ihn im Lagerfeuer. Die wichtigste Beute war natürlich das Fleisch. Soviel man davon nur irgend essen konnte, wurde sofort verzehrt. Der Rest wurde haltbar gemacht und zu Dauerproviant verarbeitet. Dazu wurde das Fleisch getrocknet, mit Steinen zerklopft und mit Fett und Beeren vermischt. Auf diese Weise entstand der *Pemmikan*, der im Winter gegessen wurde, wenn es nur wenig frische Jagdbeute gab.

Ein Augenzeuge berichtet

Jahrtausendelang änderte sich daran nichts. Die Indianer töteten für gewöhnlich nur so viele Tiere, wie sie verwenden konnten. Aber nach der Entdeckung Amerikas kamen durch die Spanier Pferde in die Prärie, und es bildeten sich wilde Pferdeherden. Die Indianer lernten, einzelne Tiere einzufangen und sie zu zähmen und zu reiten. Dadurch wurde auch die Bisonjagd leichter, denn man konnte nun den Bisonherden entgegenreiten oder ihnen besser folgen. Und schließlich gelangten auch Flinten in die Hände der Jäger, was ihre Jagd immer erfolgreicher machte.

Ein amerikanischer Geschichtsschreiber, Francis Parkman, hat im Jahre 1845 den Westen bereist und eine solche Büffeljagd selbst miterlebt. Er hat folgenden Bericht über die Jagd hinterlassen:

„Mit einem kühnen und gut trainierten Pferd kann der Jäger so nahe an den Bison heranreiten, dass er ihn – während sie Seite an Seite galoppieren – mit der Hand berühren kann. Das ist ungefährlich, solange Kraft und Atem des Bisons unvermindert andauern. Aber wenn er müde wird und nicht mehr leichtfüßig rennen kann, wenn seine Zunge heraushängt und

Schaum von seinen Kiefern fliegt, dann tut der Jäger gut daran, einen respektvolleren Abstand einzuhalten. Das Tier kann sich dann jeden Augenblick gegen ihn wenden, vor allem, wenn der Jäger sein Gewehr abfeuert.

Wenn der verwundete Bison auf seinen Feind zustürzt, springt das Pferd plötzlich zur Seite, und dann muss der Jäger fest in seinem Sattel sitzen. Denn wenn er auf den Boden geworfen wird, gibt es keine Hoffnung mehr für ihn. Sobald der Bison aber sieht, dass sein Angriff nichts erbracht hat, nimmt er seine Flucht wieder auf. War der Schuss allerdings gut gezielt, so bleibt der Bison bald stehen, hält einige Augenblicke lang still, wankt schließlich und fällt schwer auf den Prärieboden."

Damals wurde noch mit Vorderladern geschossen, das heißt, Pulver und Kugeln mussten von vorn in den Lauf der Schusswaffe eingeführt werden. Parkman schreibt hierzu:

„Die Hauptschwierigkeit bei der Bisonjagd besteht, wie mir scheint, darin, das Gewehr oder die Pistole im vollen Galopp zu laden. Viele Jäger halten zweckmäßigerweise dabei drei oder vier Kugeln im Mund; das Pulver wird in die Mündung des Laufes gegeben, anschließend die Kugel, dann wird der Schaft hart auf den Sattelknopf geschlagen, und damit ist die Schusswaffe geladen. Die Gefahr dieser Methode ist offensichtlich. Wenn bei dem Schlag auf den Sattelknopf die Kugel nicht ganz nach hinten durchfällt, oder wenn beim Zielen die Kugel beginnt, auf die Laufmündung zuzurollen, explodiert die Waffe wahrscheinlich, wenn der Schuss gezündet wird. Manch eine zerschmetterte Hand und noch schlimmere Verletzungen waren das Ergebnis solcher Unfälle. Um das zu verhindern, benutzen manche Jäger einen Ladestock, um die Kugel nach hinten zu stopfen; aber das vergrößert natürlich die Schwierigkeit des Ladens. Die Bogen und Pfeile, welche die Indianer bei der Bisonjagd benutzen, haben viele Vorteile gegenüber Feuerwaffen, und sogar Weiße verwenden sie gelegentlich."

Und Parkman weiß noch von einem weiteren Problem zu berichten:

„Die Gefahr der Jagd besteht nicht so sehr im Angriff des verwundeten Tieres als in der Beschaffenheit des Bodens, über den der Jäger reiten muss. Die Prärie bietet nicht immer eine ebene und einförmige Oberfläche. Oft ist sie unterbrochen durch Hügel und Senken, durchkreuzt von Schluchten und in den abgelegenen Gegenden übersät mit dem dürren Gesträuch wilden Salbeis. Die schlimmsten Hindernisse sind jedoch die Behausungen von wilden Tieren, besonders von Präriehunden, aber auch von Dachsen und Wölfen, von denen der Boden oft über weite Strecken unterhöhlt ist. In blinder Hatz fegt der Jäger, der Gefahr nicht achtend, darüber hinweg. Sein Pferd jedoch tritt in vollem Galopp mit einem Bein in eines der Löcher. Der Reiter wird über den Pferdehals nach vorn auf den Boden geworfen und bricht sich dabei wahrscheinlich das Genick.“

Die Ausrottung der Bisons

Während die Indianer dem Bison für den Lebensunterhalt ihrer Familie und ihres Stammes nachstellten, wurde die Jagd für viele Weiße zuerst eine Art wirtschaftliche Unternehmung und dann schließlich zum reinen Sport.

Es trafen immer mehr weiße Siedler in der Prärie ein. Sie wollten Ackerbau treiben, aber die umherziehenden Bisonherden belagerten die Wasserstellen und zertrampelten Felder und Wege. Und dann kam der Bau der Eisenbahnen, die durch die Prärie nach Westen geführt wurden. Da es noch nicht viele Baumaschinen gab, wurden Heerscharen von Arbeitern für die Grabungsarbeiten und das Verlegen der Schwellen und Gleise gebraucht. Diese Arbeiter mussten täglich verpflegt werden, und die Eisenbahngesellschaften verließen sich darauf, dass der Fleischbedarf durch die Bisonherden abgedeckt wurde. Wenn eine Strecke fertig war, erwiesen sich die immer noch in großer Zahl vorhandenen Bisons als ein ärgerliches Hindernis. Sie trieben sich auf den Gleisen herum, und es kam häufig zu Zusammenstößen mit den Zügen, bei denen die Lokomotiven oft beschädigt und aufgehalten wurden. Im Winter suchten die Bisons vor dem scharfen Präriewind Zuflucht in den Schneisen, die für die Eisenbahnen durch Hügel und Anhöhen ausgehoben worden waren. Manchmal kam hier ein Zug tagelang nicht durch.

So traten bald Berufsjäger auf, die den Siedlern und Eisenbahngesellschaften durch das Abschießen der Bisons zu Hilfe kamen. Mit den Fellen der Tiere konnte man gutes Geld verdienen. Sie wurden nach Osten transportiert, wo sie in den Städten zu Kleidungsstücken und Teppichen verarbeitet wurden. Aus dem Leder fertigte man Sättel, Pferdegeschirr und Transmissionsriemen für die Maschinen in den Fabriken. Viele Felle oder Häute wurden auch per Schiff nach Europa verfrachtet.

Für das Jagdgeschäft schlossen sich die Jäger häufig zu größeren Teams zusammen. Das Schießen übernahmen ein oder zwei Jäger. Sie wurden von Männern begleitet, welche die Gewehre reinigten und Patronen nachluden, außerdem von Köchen, Pferdejungen, Schmieden, Wach- und Fuhrleuten. Mit zahlreichen Pferden und Wagen brachte man den Proviant heran und transportierte die Beute ab. Manchmal wurden sogar Helfer eingesetzt, welche die teuren Bleikugeln wieder aus den Kadavern herausschnitten. Das Blei wurde dann eingeschmolzen, um neue Kugeln daraus zu gießen. Viele dieser Berufsjäger, wie zum Beispiel der bekannte Buffalo Bill Cody, töteten bei einer einzigen Unternehmung über hundert Tiere. Ein gutes Bisonfell brachte in Dodge City im Staate Kansas drei Dollar ein, und ein sehr gutes, schweres Winterfell konnte sogar für 50 Dollar verkauft werden. Das war sehr viel Geld in einer Zeit, in der ein ungelernter Arbeiter froh sein musste, wenn er einen Dollar am Tag verdiente.

Die Berufsjäger waren jedoch nicht die einzigen, die Bisons töteten. Die Eisenbahngesellschaften boten bald auch Touristen die Gelegenheit, Bisons einfach zum Spaß zu jagen. Lokomotivführer fuhren langsam an den Herden vorbei, sodass Passagiere die Bisons vom Zugfenster aus abschießen konnten. Diese „Vergnügungsjäger" mussten in ihrem Zeitvertreib nur einhalten, wenn ihnen die Munition ausging oder der Gewehrlauf zu heiß wurde. Es gab sogar Wettbewerbe, bei denen Bisons abgeschossen wurden. In einem solchen erreichte ein Mann aus Kansas einmal einen Rekord, indem er 120 Bisons in nur 40 Minuten tötete. Die Kadaver wurden nie eingesammelt, sondern einfach zum Verrotten liegen gelassen.

Die Regierung tat nichts, um gegen dieses Gemetzel einzuschreiten. Zum Teil förderte sie die Jagd auf die Bisons sogar, um so indirekt die Indianer zu bekämpfen. Denn die Besiedelung der Prärie brachte die Indianer gegen die Weißen auf, da ihnen dadurch ihr Land genommen wurde. Außerdem lebten die Prärieindianer wie beispielsweise die Sioux und die Cheyenne fast ausschließlich vom Bison, und als die Weißen begannen, den Bison zu jagen, verloren die Stämme ihren Lebensunterhalt. Sie wehrten sich, so gut sie konnten, mit Bogen und Pfeil, mit Tomahawk und Büchse. Die Regierung in Washington wollte den Unfrieden natürlich nicht dulden und schickte Truppen. Man versuchte außerdem, den Frieden zu sichern, indem man die Indianer in Reservationen ansiedelte, wo sie Ackerbau betreiben sollten. Ein Mittel dazu stellte die Ausrottung der Bisons dar, denn man hielt es für einfacher, die Indianer sesshaft zu machen, wenn sie keine Bisons mehr jagen konnten. Ein Abgeordneter aus Texas, James Throckmorton, sagte beispielsweise im Kongress in Washington, es wäre „ein großer Schritt vorwärts zur Zivilisierung der Indianer und zur Erhaltung des Friedens in der Prärie, wenn es keinen Bison mehr gäbe."

Dementsprechend befahlen Militärkommandeure bald ihren Truppen, Bisons zu töten – nicht, um Nahrung zu gewinnen, sondern um den Indianern ihre Nahrungsquelle zu nehmen. Etwa im Jahre 1880 war das Abschlachten fast vorüber. Wo einst Millionen von Bisons gelebt hatten, verblieben nur noch wenige Tausend Tiere. Bald schrumpfte ihre Zahl noch weiter zusammen, und die größte wilde Herde, die nur wenige Hundert Tiere umfasste, fand Zuflucht in den isolierten Tälern des neu gegründeten Yellowstone Nationalparks. Erst im 20. Jahrhundert konnten sich die wenigen verbliebenen Bisons wieder vermehren, und heute gibt es erneut größere Herden, auch wenn diese bei Weitem nicht an ihre frühere Zahl heranreichen.

Buffalo Bill und die Wild West Show

Es gab zahlreiche bekannte Bisonjäger, aber der berühmteste war Buffalo Bill. Er prahlte sehr viel mit seinen Jagderfolgen, und ob er wirklich innerhalb von nur 18 Monaten 4280 Bisons getötet hat, wie er immer behauptete, kann man nicht so genau sagen. Er kam ursprünglich aus kleinen Verhältnissen. Sein Vater starb, als er elf Jahre alt war, und er musste früh mithelfen, seine Familie zu ernähren. Im Verlauf seines Lebens arbeitete er sich hoch und schuf eine ganz neue Art von Show-Geschäft, die Wild West Show, mit der er schließlich sogar in Europa vor der britischen Königin Victoria bei ihrem 50-jährigen Thronjubiläum auftrat.

Wie Buffalo Bill berühmt wurde

Nach dem Tod seines Vaters arbeitete der kleine Bill Cody jahrelang als Botenjunge. Dabei musste er entlang der großen Planwagenkarawanen reiten, die damals in den Westen zogen, und Nachrichten überbringen. Als er 14 Jahre alt war, fand er mit dieser Erfahrung für einige Zeit eine Stelle als Postreiter beim Pony Express. Danach kam der Bürgerkrieg. Bill wurde Fuhrmann, zuerst bei einer privaten Transportfirma und später, als Soldat, beim 7. Freiwilligenregiment aus Kansas. Nach dem Krieg begann dann seine eigentliche Karriere. Er ging nach Westen, wo gerade die Eisenbahnen gebaut wurden, und arbeitete in den Jahren 1867 und 1868 als Bisonjäger für die *Union Pacific Railroad*. Seine Aufgabe war es, die Arbeiter mit Fleisch zu versorgen, und in dieser Zeit soll er angeblich über 4000 Bisons abgeschossen haben. Jedenfalls erhielt er nun wegen seiner Jagderfolge den Beinamen *„Buffalo Bill"*.

Weil Buffalo Bill auch Nachrichten durch Gebiete trug, in denen schießbereite Indianer lauerten, nahm ihn General Philip Sheridan in seinen Dienst als Führer der Scouts des

5. amerikanischen Kavallerieregiments. Während der nächsten vier Jahre wurde er bei 16 Gefechten mit den Indianern eingesetzt, darunter auch in der Schlacht bei Summit Springs. Danach erzählte er, er hätte damals den Cheyenne-Häuptling Tall Bull erschossen. Zeugen sagten jedoch aus, Tall Bull sei schon lange tot gewesen, und Buffalo Bill hätte einen der anderen Indianer getroffen, der lediglich versucht hatte, auf Tall Bulls Schimmel davonzureiten.

Buffalo Bills Bekanntheit wurde immer größer. Dazu trug vor allem bei, dass er einmal als Führer einen Schriftsteller namens Ned Buntline durch das Indianergebiet geleitete. Buntline veröffentlichte seit Jahren eine große Anzahl von Abenteuerheftchen, und seit seiner Begegnung mit Buffalo Bill beschrieb er diesen als den großen Helden des Westens und erfand immer neue Begebenheiten, in denen Buffalo Bill sich angeblich durch seinen Wagemut, seine Findigkeit und seine Treffsicherheit ausgezeichnet hatte.

Ein Schriftsteller hat eine Idee

Buntline war es auch, der eines Tages die Idee hatte, dass Buffalo Bill in einem Theater in Chicago als Darsteller in Wild-West-Episoden auftreten könnte. Und so geschah es dann. Elf Jahre lang spielte Buffalo Bill im Winter in verschiedenen Stücken, in denen mit Indianern gestritten, geflucht und geschossen wurde. Während des Sommers arbeitete er als Scout und führte Jagdgesellschaften durch die Prärie. Der Erfolg seiner Theaterauftritte veranlasste Buffalo Bill dazu, das Unternehmen im Jahre 1883 auf eine breitere Basis zu stellen. Er verlegte die ganze Aufführung aus dem Theatergebäude nach draußen, erweiterte die Vorstellung um einige Episoden und viele Akteure und schuf damit *„Buffalo Bill's Wild West Show"*, wie das Spektakel von da an hieß.

In der Wild West Show herrschte eine Art Zirkusatmosphäre. Regelmäßig traten über 100 Akteure auf, zusammen mit Bisons, Elchen, Pferden, Rindern und anderen Tieren. Bis dahin hatte man Cowboys nur als grobschlächtige und wahrscheinlich sittenlose Rinderhirten betrachtet. Nun aber erschienen sie in *Buffalo Bill's Wild West Show* als Helden vieler Abenteuer, die nicht nur hervorragend reiten und das Lasso fangsicher werfen konnten, sondern auch Viehdiebe und Indianer in die Flucht schlugen, den Frauen gegenüber ritterlich auftraten, ihrem Boss die Treue hielten und ihren Job insgesamt achtbar, kühn und unermüdlich erledigten. Dass die Cowboys später in vielen Comics, Büchern und Filmen zu den glorreichen Gestalten wurden, als die wir sie kennen, hat viel mit *Buffalo Bill's Wild West Show* zu tun.

Die meisten Darsteller, Cowboys und Indianer, ehemalige Soldaten und chinesische Eisenbahnarbeiter, waren echt und wurden von Buffalo Bill direkt im Westen angeworben. Einer der Sioux, der eine Zeit lang in der Show auftrat, war Häuptling Sitting Bull. Dieser ritt allerdings während der vier Monate, während der er teilnahm, nur in die Arena, ließ sich von den Zuschauern bejubeln und beschimpfen und galoppierte dann wieder hinaus. Aber ansonsten wurde wild geritten und geknallt, Postkutschen wurden überfallen und Gefangene befreit, Räuber wurden gehängt (meistens hinter der Bühne), und die schöne Lady wurde dem Bräutigam zuverlässig zugeführt.

Die Stärke der Show waren sogenannte „historische Szenen". Man konnte etwa sehen, wie frühe Siedler ihre Hütte gegen einen Indianerangriff verteidigten, oder wie ein Planwagenzug sich in der Prärie gegen eine Räuberbande wehrte. Auch General Custers letzte Schlacht, von der an anderer Stelle in diesem Buch berichtet wird, wurde nachgestellt. Das Publikum erlebte die Jagd auf die Bisons, und es sah zu, wie Banditen in einem Gewaltstreich die Passagiere eines Zuges ausplünderten. Schießwettbewerbe mit Büchsen und Pistolen füllten die Arena mit Pulverdampf. Und Buffalo Bill erwies sich als unschlagbarer Meisterschütze, wenn es galt, vom Rücken eines galoppierenden Pferdes aus ins Schwarze einer Zielscheibe oder gar eine baumelnde Flasche zu treffen.

Die Wild West Show geht auf Tournee

Amerika hatte ein solch aufwendiges Theaterspektakel noch nie gesehen. Buffalo Bills Show zog mit größtem Publikumserfolg durch die Städte der Vereinigten Staaten. Sogar die Regierung in Washington war begeistert. 1887 wurde das ganze Unternehmen nach England verschifft, wo es als Amerikas Beitrag zur Feier von Königin Victorias goldenem Thronjubiläum auftrat. 100 weiße Darsteller, 97 Indianer, 180 Pferde, 18 Bisons, 10 Elche, 5 texanische Stiere, 4 Esel und 2 Rehe reisten auf die britische Insel. Nicht nur die Königin war unter den Tausenden von Zuschauern, sondern auch der künftige deutsche Kaiser Wilhelm II., der ein Enkel Königin Victorias war, sowie andere Würdenträger und viele Mitglieder des Adels. Eine der Darstellerinnen in der Show war Annie Oakley, eine 25-jährige Scharfschützin. Als Kronprinz Wilhelm sie darum bat, schoss sie unter dem stürmischen Beifall der Zuschauer die Asche einer Zigarette weg, die er im Mund hielt.

Die Show kehrte nach Amerika zurück, kam aber zwei Jahre später erneut nach Europa und feierte auch auf dem Kontinent große Erfolge. Ihr nächster großer Auftritt ereignete sich 1893 während der Weltausstellung in Chicago. Die Vorstellungen fanden direkt neben dem Ausstellungsgelände statt und zogen die Ausstellungsbesucher in Massen an. Insgesamt tourte die Show 30 Jahre lang durch die Städte, bis schließlich doch das Zuschauerinteresse erlahmte und ihr das Geld ausging. Buffalo Bill selbst starb 1917 und wurde auf dem Lookout Mountain bei Denver im Staate Colorado begraben. Niemand hat jemals für den Ruf des Wilden Westens so viel getan, wie Buffalo Bill mit seiner Show.

Die Cowboys

Auf kraftvollem Pferd galoppiert der Cowboy mit Yippiyaya über die weite Prärie, kurz vor Sonnenuntergang wirft er einem widerspenstigen Rind noch das Lasso um die Hörner, in aufregenden Zwischenfällen zeigt er den Indianern und Banditen, was ein echter Kerl ist, und nach Ablieferung der Herde in Wichita oder Abilene feiert er mit den Gefährten und dort wartenden hübschen Cowgirls wohlverdiente schöne Stunden. Wer wollte nicht auch einmal Cowboy sein! Frei sein von der Enge der Stadt, von Stundenplan und Bürozeiten, das Leben in der Natur in vollen Zügen auskosten, bei Tag nur den blauen Himmel über sich, abends mit guten Kameraden Geschichten austauschen, bis man sich schließlich am Lagerfeuer für die Nacht in seine Decke rollt, um dem nächsten Sonnentag entgegenzuschlummern!

Der Alltag

Viele Leute stellen sich vielleicht, angeregt durch Western-Filme und Abenteuergeschichten, das Leben der Cowboys so oder so ähnlich vor. Doch wirkliche Romantik und aufregende Abenteuer, das wissen die wahren Kenner des Wilden Westens, gab es im Leben der Cowboys kaum jemals. Ganz im Gegenteil. Der Alltag war eintönig, schmutzig und gefährlich. Cowboys arbeiteten für wenig Lohn, und ihre Stunden im Sattel waren lang und einsam. Dabei waren sie durchweg gewiefte Experten in ihrem Beruf. Sie mussten brillante Reiter sein, das Lasso effektvoll werfen und einen starken Stier dann auf seine Seite schleudern können, um ihn zu brandmarken. Es gab Augenblicke, in denen sie Todesängste ausstanden, vor allem etwa, wenn Hunderte von Longhorn-Rindern, vom Blitz erschreckt, in wilder Flucht über den Prärieboden stürmten und aufgehalten werden mussten.

Täglich zwölf Stunden und manchmal sogar länger im Sattel, fand der Cowboy für gewöhnlich nur zur Feierabendzeit ein wenig Ruhe, wenn er sich mit den anderen Männern seines Teams am Küchenwagen versammelte. Dort schöpfte dann der Koch das Abendessen auf die Blechteller. Man bekam zwar genug zu essen, um den Magen zu füllen, aber Abwechslung gab es kaum. Mit reichlich Speck gekochte Bohnenkerne waren die Hauptmahlzeit, hinterher erhielt man Maisfladen und einen Blechbecher voll schwarzen Kaffees. Wo hätte der Koch auch frisches Gemüse finden sollen? Und die Kälber oder gar größere Rinder waren erstens nicht zum Schlachten da, und zweitens hätte man hierfür auch gar keine Zeit gehabt. Und außerdem gab es ja auch kein Eis für einen Kühlwagen, in dem man Verderbliches hätte transportieren können.

Hut, Chaps, Stiefel und Sporen

In der baumlosen Prärie brennt die Sonne von Frühling bis spät in den Herbst hinein gnadenlos vom meist wolkenlosen Himmel. Gelegentlich regnet es aber doch, und nicht selten bläst ein starker Wind ungehemmt über das wogende Gras. Als es in den 1860er Jahren immer mehr Cowboys gab, entwarf ein Hutmacher in New Jersey einen Hut, der nicht so hoch war wie der Zylinderhut, den die Männer in der Stadt trugen; er bot daher dem Wind weniger Angriffsfläche. Andererseits besaß dieser neuartige Hut einen aufwärts gestülpten, breiten Rand, um Kopf und Nacken seines Trägers vor Sonne und Regen zu schützen. Der Name des Hutmachers war John B. Stetson. Der „Stetson" wurde rasch die im Westen beliebteste Kopfbedeckung, denn man trug ihn nicht nur auf dem Kopf. Man konnte sich damit auch hervorragend Luft zufächeln. Und da er aus gutem Filz gemacht war, konnte man bei einer Quelle Wasser in den Rand laufen lassen, um es zu trinken; oder man konnte ihn umdrehen und ganz mit

Wasser füllen, um sein Pferd daraus trinken zu lassen. Sein Erfinder wurde sehr vermögend. Im Jahre 1900 allein wurden mehr als zwei Millionen dieser Hüte verkauft!

Natürlich trug ein Cowboy Hemd und Hose und wahrscheinlich nicht allzu viel darunter. Aber über der Hose trug er noch etwas sehr Auffälliges, und das waren die Chaps. Das Wort ist eine Abkürzung des spanischen *„chaparro"*, welches eine Art Dornengestrüpp bezeichnet. Es war ein Beinschutz aus Leder, der um jedes Bein gewickelt und jeweils oben am Gürtel festgemacht wurde. Denn in der Prärie wuchsen dornige Büsche und Kakteen, welche unbedeckte Stoffhosen zerrissen; auch konnten die Balken der Zäune von Pferchen die Haut des Reiters aufschürfen, oder das Lasso scheuerte am Bein des Cowboys, wenn ein eingefangenes Rind sich wild gebärdete. So waren die Chaps unentbehrlich.

An den Füßen saßen die Cowboystiefel. Ursprünglich hatte solch ein Stiefel den üblichen flachen Absatz. Aber der erwies sich bei den manchmal notwendigen wilden Ritten als unpraktisch, weil der Fuß im Steigbügel leicht durchrutschte. So wurden die Absätze immer höher, oft fünf Zentimeter und mehr. Die meisten Cowboys bevorzugten dabei Stiefel mit dünnen Sohlen, durch die man den Steigbügel fühlen konnte. Arbeitsstiefel hatten einen einfachen, etwa 40 Zentimeter hohen Schaft. Aber für feierliche Anlässe oder beim Rodeo liebte man es, durch Stiefel mit hübschen Verzierungen am Schaft seinen Kunstsinn unter Beweis zu stellen.

Natürlich mussten die Cowboys Sporen über ihren Absätzen tragen, um die Pferde kontrollieren zu können. In Mexiko, woher viele Elemente der Cowboy-Kultur stammen, trugen die Reiter meistens den sogenannten *„Kolonialsporn"*, der ein Rädchen mit großen Zacken besaß. Aber in Texas und weiter nördlich, wo es bei der Reiterei häufig recht ungehemmt zuging, verletzten diese Zacken die Pferde oft an der Bauchseite. Deshalb feilten die Cowboys die Zacken so lange ab, bis sie ziemlich stumpf waren. Diese Sporenrädchen klimperten beim Reiten ihres Trägers, sodass man scherzhaft von *„Sattelmusik"* sprach. Und bei Festauftritten legten manche Cowboys sogar sehr schöne Paradesporen aus Silber an!

Die Pferde

Der wichtigste Helfer des Cowboys war sein Pferd. Allerdings gehörte ihm dieses meistens nicht, sondern er erhielt beim Antritt seiner Stelle von seinem Arbeitgeber sechs oder acht Pferde als „Ausrüstung" zur Verfügung gestellt und musste diese wieder abgeben, wenn er die Stelle verließ. Diese *„Ponies"* waren nicht so schön und elegant, wie man sie oft in Wild-West-Filmen sieht, sondern man legte vielmehr Wert auf mittelgroße, kräftige Tiere. Solch ein Pferd musste zwölf Stunden am Tag unermüdlich laufen und dabei die 100 Kilogramm, die der Cowboy und seine Ausrüstung wogen, ohne Probleme tragen können. Viele Pferde waren speziell trainiert. Es gab solche, die bei der Verfolgung eines flüchtenden Longhorn-Rindes den plötzlichen Drehungen und Sprüngen des Tieres auszuweichen verstanden; andere wussten, dass das einem Kalb um den Hals geworfene Lasso stramm gehalten werden musste; wieder andere scheuten auch bei Nacht nicht, wenn beim Einfangen eines Rindes plötzlich ein großer Busch oder ein anderes Hindernis auftauchte.

Solche Fertigkeiten mussten dem Pferd geduldig andressiert, und überhaupt musste es zuerst einmal zum Reittier erzogen werden. Dieses Zureiten des Pferdes, man spricht vom *„Einbrechen"*, erfolgte, wenn es etwa vier Jahre alt war. Gegen Ende des Frühjahrs trieb man einige *„Broncos"*, noch nicht zugerittene Pferde, die bislang wild auf dem weiten Gebiet der Ranch gelebt hatten, in einem eingezäunten Pferch zusammen.

Dann sprang der Zureiter in den Pferch und fing eines der Tiere mit dem Lasso ein. Das Lasso band man an einen

Pfosten, und der Zureiter versuchte, dem Pferd ein Zaumzeug anzulegen. Das empörte den *Bronco* natürlich, und er verweigerte sich durch Aufbäumen und Beißversuche. Aber je mehr er zerrte, desto fester zog sich das Lasso um seinen Hals zusammen. Sobald sich das Tier etwas beruhigt hatte, versuchte der Zureiter, ihm eine Satteldecke über den Rücken zu legen. Das Pferd schlug erneut aus, bäumte sich auf und bockte eine Weile, um die Decke abzuwerfen. Aber auf die Dauer gelang es dem Zureiter doch, auch noch einen Sattel über die Decke zu legen und ihn mit einem Sattelgurt unter dem Pferdebauch festzuzurren.

War dies geglückt, so sprang der Zureiter in den Sattel und drehte dem *Bronco* mit kräftigem Griff ein Ohr um. Von dem Schmerz abgelenkt, reagierte das Tier zunächst nicht. Dann begann ein wilder Kampf zwischen Reittier und Reiter. Aber jedes Mal, wenn der *Bronco* ausschlug oder sich auf die Hinterbeine stellte, bestrafte ihn ein schmerzhafter Schlag mit der Reitpeitsche. Schließlich stand das Pferd schweißgebadet und zitternd still. Der Zureiter hatte für heute gewonnen. Am nächsten Tag wiederholte sich dann die ganze Übung von vorn. Nach vier oder fünf Tagen schließlich hatte das Tier Gehorsam gelernt, und aus dem *Bronco* war ein Reitpferd geworden.

Das Lasso

Das Lasso war für die Arbeit des Cowboys unentbehrlich. Mit ihm fing er die Pferde ein, die man einbrechen wollte, die Kälber, die gebrandmarkt werden mussten, und die Rinder, die sich auf dem *Trail* von der Herde entfernten. Jemand, der mit diesem Handwerkszeug nicht umzugehen wusste, fand keine Arbeit. Das Lasso war ein 12–15 Meter langes Seil. Für gewöhnlich bestand es aus gedrillten Hanf- oder Baumwollfasern. Manche Cowboys bevorzugten ein Lasso aus geflochtenem Leder, das leichter zu handhaben war, aber auch leichter riss. Aus welchem Material das Lasso auch bestand, das eine Ende formte eine Öse, durch die das übrige Seil lief, wodurch eine Schlinge entstand. Diese Schlinge warf der Cowboy mit der rechten Hand, wenn er ein Tier einfangen wollte. Die Linke hielt den lose aufgerollten Rest des Seils und den Zügel des Pferdes. Da der Reiter ein gefangenes Pferd oder Rind nicht aus eigener Kraft halten konnte, war das eine Ende des Lassos am Sattelknopf festgeknotet.

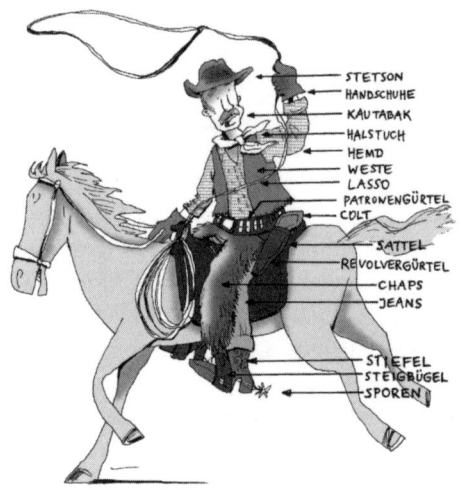

Die Rinder

Für gewöhnlich liefen die Rinder frei und ohne Aufsicht auf den schier unendlichen Weideflächen in Texas. Einmal im Jahr aber veranstalteten die Rinderfarmen den *„Round-up"*. Dazu entsandte jede Ranch einer Region mehrere ihrer Cowboys zu einem bestimmten Treffpunkt. Dort wurde der *Round-up*-Kapitän gewählt, dessen Anordnungen von da an strikt zu befolgen waren. Die ganze Region wurde in Einzelgebiete eingeteilt, die je bis zu etwa 50 Quadratkilometer groß sein konnten. Fünf bis sieben Cowboys bildeten ein Team und hatten die Aufgabe, alle Rinder in solch einem Gebiet zu finden und zusammenzutreiben. Das konnte mehrere Tage und Nächte harter und fast pausenloser Arbeit bedeuten. Hatte man endlich alle Rinder beieinander, so begann der zweite Teil des *Round-ups*, nämlich das Brandmarken der neugeborenen Kälber und die Aussonderung derjenigen Rinder, die auf den „*Trail*", das heißt auf den Weg nach Norden, gebracht werden sollten.

Ein Cowboy konnte nicht immer lesen oder schreiben, aber er kannte sich mit Brandzeichen aus. Jeder Ranchbesitzer hatte sein eigenes Zeichen. Beim *Round-up* war es meistens leicht, den Eigentümer eines jungen Kalbes festzustellen, da dieses sich nahe seiner Mutter aufhielt. War das nicht der Fall, so konnte es zum Streit über das Besitzrecht kommen. War die Frage geklärt, so wurde das Kalb mit dem Lasso eingefangen, ein kräftiger Cowboy legte seinen Arm um den Hals des Kalbes und warf es zu Boden. Vorder- und Hinterbeine wurden jeweils zusammengebunden, und das glühend heiße Brenneisen wurde dem Tier in die Seite gepresst. Nach ein paar Tagen war die Brandwunde verheilt, und es gab keine Zweifel mehr bezüglich des Besitzers.

Galt es, ein größeres Rind einzufangen, das noch ohne Brandmarke war, so warf ein Cowboy eine erste Schlinge um dessen Hörner. Ein anderer warf eine Schlinge um die Hinterbeine. Der vordere Cowboy zog nach vorn, der zweite stemmte sich dagegen und hielt das Rind hinten. Dadurch ging das Tier zu Boden, und die Brandmarke konnte angebracht werden. Bei einem wilden Ausreißer ging eine Schlinge um die Hörner, der Rest der Lassolänge um das Hinterteil wieder nach vorn, und das Pferd bekam die Sporen und galoppierte vorwärts. Der Ruck ließ das Rind nach vorn stürzen; danach konnte es einfach zur Herde zurückgeführt werden.

Der *Trail*

Der eigentliche Sinn der Rinderaufzucht war natürlich der Verkauf des Fleisches. Da die Masse der Abnehmer aber im Osten des Landes saß, musste das Fleisch dorthin gebracht werden. Im Jahre 1866 erhielt ein Rancher in Texas für ein ausgewachsenes Rind vier Dollar; in New York oder Philadelphia jedoch brachte solch ein Rind 40 Dollar ein, also das Zehnfache! Die einzige Möglichkeit, die Rinder in die Städte des Ostens zu bringen, bot die Eisenbahn. Da der Süden der Vereinigten Staaten noch nicht an das Eisenbahnnetz angeschlossen war, mussten die Rinder dorthin gebracht werden, wo bereits Bahnhöfe existierten. Die nächsten Bahnhöfe nördlich von Texas befanden sich in Kansas, Nebraska und Wyoming. Und so trieb man nach dem Bürgerkrieg, ab Mitte der 1860er Jahre, lange Kolonnen von Rindern auf dem *Trail* nach Norden.

Nachdem man beim *Round-up* die schlachtreifen Rinder aussortiert hatte, setzte sich die Kolonne in Bewegung. An der Spitze ritt ein wegekundiger Cowboy, manchmal unterstützt von einigen Kollegen, um die Leittiere in der richtigen Marschrichtung zu halten. Ihnen folgte die Masse der Tiere, für gewöhnlich Tausende von Stieren und Kühen. Links und rechts der mehrere Kilometer langen Herde ritten Begleit-Cowboys, um ein Abirren einzelner Tiere zu verhindern. Den Schluss bildeten wieder einige Reiter und der bespannte Küchenwagen. Da man an einem Tag nur ungefähr 20 Kilometer vorankam, zog sich die Wanderung auf dem annähernd 2 000 Kilometer langen *Trail* für gewöhnlich etwa drei Monate lang hin. So lange gab es keinen Feiertag für die Rinderhirten. Ihre einzige Erholung kam am Abend, nachdem sie bis zu 14 Stunden im Sattel verbracht hatten. Am Küchenwagen verteilte der Koch die Abendmahlzeit, und wenn sich Brennmaterial fand, wurde ein Lagerfeuer entzündet. Vielleicht erzählte noch einer eine Geschichte. Aber rasch fielen alle unter dem freien Himmel in tiefen Schlaf außer denjenigen, welche die Herde bewachen mussten.

Der Zug auf dem *Trail* war vielerlei Gefahren ausgesetzt. Häufig versuchten Viehdiebe, einige Tiere zu stehlen. Gelegentlich drohte auch ein Indianerüberfall; dem Anführer des Zuges gelang es dann für gewöhnlich, den Stamm, durch dessen Gebiet man gerade zog, durch das Geschenk eines Rindes friedlich zu stimmen.

Aber nicht nur vor Dieben und Indianern mussten sich die Rinderhirten auf dem *Trail* in Acht nehmen. Wilde Tiere, vor allem Wolfsrudel, folgten der Herde und versuchten, die schwächeren Rinder zu reißen. Gefährlich wurde es, wenn in einem heftigen Gewitter ein Donnerschlag die Tiere in Panik versetzte. Dann jagte die ganze Herde in wilder Flucht, der *Stampede*, über die Prärie hinweg, und die Cowboys mussten in rasendem Galopp versuchen, sich vor die fliehende Herde zu setzen und die Leittiere durch Pistolenschüsse, Peitschengeknall, Pfeifen und Schreien zum Abbiegen zu bewegen. Schließlich liefen diese und damit alle Tiere in einem großen Kreis; das Tempo verringerte sich, und die Aufregung ließ nach. Noch etwas verwirrt, konnte die Herde endlich wieder in Marsch gesetzt werden.

Die größte Gefahr drohte allerdings an Wasserläufen, welche die *Trail*-Richtung kreuzten. Sie mussten durchwatet oder durchschwommen werden. Während die Herde in den Fluss getrieben wurde, stolperten Rinder oder Reittiere manchmal. Sie wurden weggeschwemmt und rissen noch andere mit sich. Nicht wenige Rinder ertranken, und auch der eine oder andere Cowboy verlor auf diese Weise sein Leben.

Am Ziel

Es gab mehrere große *Trail*-Routen, die von Texas nach Norden führten; alle endeten an einem Ort mit Güterbahnhof. Dort wurden die Rinder auf Viehwaggons verladen, die sie dann zu den Schlachthöfen in den Städten des Ostens fuhren. Eine der bedeutendsten dieser Routen war der *Chisholm-Trail*, so benannt nach dem Mann, der ihn erkundet hatte. Dieser *Trail* endete in Abilene, einem kleinen Nest im Staate Kansas. Mitte der 1860er Jahre hatte dort ein energischer Unternehmer am Bahnhof große Pferche mit Zäunen und Laufgittern errichten lassen. Hier konnten die ankommenden Rinder kurz verweilen und dann über Rampen in die Eisenbahnwaggons geladen werden. Schnell siedelten sich Bretterbuden und auch richtige Häuser um den Bahnhof herum an. Restaurants und Kneipen, Hotels und Kramläden boten Cowboys und Händlern, Bahnpersonal und auch allen möglichen Abenteurern Gelegenheit zum Einkauf, zur Erholung und zum Geschäftemachen.

Hier endete die Arbeit der Cowboys. Davon hatten sie in den langen Wochen auf dem *Trail* geschwärmt und geträumt. Jetzt erhielten sie ihre hart verdienten Dollars. Erst ging es ins Badehaus, was bitter nötig war. Dann, endlich wieder einmal rasiert und in frischem Hemd, zogen sie durch die Kneipen und Spielhöllen, Tanzdielen und Tingeltangelbuden. Dort warteten schon die alten Kameraden und neue Bekannte, leichte Mädchen und auch nicht wenige Gauner, um beim Ausgeben des sauer verdienten Lohnes zu helfen. Nicht wenige Cowboys waren ihr Geld binnen weniger Tage wieder los. Es blieb ihnen dann kaum etwas anderes übrig, als sich erneut auf den Weg nach Texas zu machen und sich dort abermals zur Arbeit auf der Ranch und für den nächsten *Trail* anheuern zu lassen.

Die große Cowboy-Zeit endet

Die große Zeit der Cowboys dauerte nur wenige Jahrzehnte. Um die Mitte der 1880er Jahre mehrten sich die Anzeichen, dass sich die Verhältnisse änderten. In der Prärie führten nun auch Schafzüchter ihre Tiere über die Weiden. Die Schafe aber fraßen nicht nur das Gras bis zur Wurzel ab, sondern sie verschmutzten mit ihrem Kot auch die Ränder der Wasserlöcher, sodass die Rinder nicht mehr daraus trinken mochten. Am meisten schadete dem Rindertrieb jedoch, dass sich immer mehr Siedler in der zuvor offenen Prärie niederließen. Diese wollten verhindern, dass man Tausende und Abertausende von Rindern über ihr Land trieb. Sie zäunten ihr Gebiet mit Stacheldraht ein und verteidigten es, wenn es sein musste, mit der Flinte. Und vor allem drangen nun die Eisenbahnlinien auch nach Süden vor, sodass das Vieh nicht mehr auf den kräftezehrenden *Trail* geführt werden musste, sondern gleich in der Nähe der Ranch verschickt werden konnte.

Zwar brauchte man auf der Ranch dann immer noch reitende Rinderhirten, aber die Zeit des *Trails* war zu Ende, und das Leben verlief in geregelteren Bahnen.

Krieg in der Prärie: Der *Johnson County War*

Reiche Rinderzüchter und arme Rancher

Im *Johnson County War* wurde geschossen und gebrandschatzt und gemordet wie im Krieg. Und wie oft nach solchen Auseinandersetzungen, wurden hinterher die Schuldigen nicht zur Rechenschaft gezogen. Und das lag nur teilweise daran, dass die Schuld ohnehin nicht ganz leicht zu bestimmen war.

Bevor das Land an weiße Siedler verkauft wurde, gehörte der größte Teil der Prärie der amerikanischen Regierung in Washington. Alle Rinderbesitzer durften ihre Herden überall frei grasen lassen. Als die Zahl der Bisons immer kleiner wurde, vergrößerte sich die Zahl der Viehzüchter erheblich. Manchen dieser Rancher gehörten Tausende von Rindern, während die Ärmeren nur wenige Hundert Tiere besaßen.

Diese Rinder waren alle das ganze Jahr hindurch auf der Weide, und niemand machte sich die Mühe, sie auseinander zu halten. Zäune zu errichten wäre viel zu teuer gewesen, und da man sie nur wegen des Fleisches hielt, wurden die Kühe auch nicht gemolken. Aber da die Rinder schließlich an die Schlachthöfe in Chicago verkauft werden sollten, musste man sie beim jährlichen *Round-up* voneinander trennen, und die jungen Kälber mussten gebrandmarkt werden.

Die Trennung der Rinder lief nicht immer reibungslos ab, und es gab auch häufig Betrugsversuche. Manche Cowboys fingen schon vor dem großen *Round-up* einzelne Kälber ein, die sich von dem Muttertier entfernt hatten, und brandmarkten sie mit ihrem eigenen Zeichen. Nicht selten waren es die Besitzer von kleinen Ranches, die auf diese Weise ihren Viehbestand etwas zu vermehren versuchten.

Die Eigentümer der großen Ranches verteidigten sich gegen solchen Viehdiebstahl, so gut sie konnten. Sie verboten oftmals ihren eigenen Leuten, Rinder zu besitzen, sodass sie nicht in Versuchung kamen zu stehlen. Manchmal drohten sie auch, Viehdiebe umzubringen. Und gelegentlich machten sie solche Drohungen wahr. Andererseits ließen vermögende Rancher aber auch selbst herrenlose Kälber von ihren Cowboys brandmarken, und es war nicht in jedem Fall klar, dass diese Kälber wirklich ihre eigenen waren.

So waren über die Jahre hinweg die Beziehungen zwischen den Besitzern großer Viehherden und den kleinen Ranchern sehr oft nicht die besten. Das Verhältnis wurde nach dem sehr harten Winter von 1887–1888 immer schlechter, als nach einem sehr heißen Sommer eine Reihe von Blizzards und Kältewellen von manchmal –40 °C die Weiden heimsuchten. Tausende von Rindern starben. Um ihre Verluste auszugleichen, begannen die Eigentümer großer Ranches nach dem Winter, Weideland für sich allein zu beanspruchen, und ließen die Rinder kleinerer Ranches nicht mehr an die Wasserstellen heran. Manchmal vertrieben sie sogar die ärmeren Siedler aus ihren Behausungen und schlossen sie vom jährlichen *Round-up* mit der Begründung aus, sie hätten Vieh gestohlen. Aus solchen Streitigkeiten entwickelten sich häufig blutige Auseinandersetzungen und sogar kleine Präriekriege wie beispielsweise der *Johnson County War*.

Der Cheyenne-Club fasst einen Beschluss

In den meisten Fehden, in denen es um Weideland oder Rinder ging, stritten Besitzer großer Herden miteinander. Im *Johnson County War* aber bekriegten sich ein Club von vermögenden Rinderzüchtern und eine Gruppe von kleinen Ranchern, von denen jeder höchstens ein paar Hundert Tiere besaß.

Johnson County liegt im Staat Wyoming. Hier trafen sich die Reichen öfter in einem Club in der Hauptstadt Cheyenne, und so nannten sie ihren Club einfach „*Cheyenne-Club*". Mitglieder des Clubs waren nicht nur die vermögenden Rancher, sondern auch Mitglieder der Staatsregierung und des Parlaments, Zeitungsbesitzer und andere wichtige Männer. Weil sie auf diese Weise mit den Mächtigen im Staat befreundet waren, glaubten die Rancher, sie könnten sich ungestraft alles erlauben. Dazu gehörte auch, dass sie einen eigenen bewaffneten Sicherheitsdienst organisierten. Das war eine Art Privatpolizei, welche die großen Rinderherden beschützen sollte; allerdings nahmen diese Privatsheriffs auch recht oft Unschuldige als Viehdiebe fest und erschossen sie sofort, statt sie den Gerichten zu übergeben.

Dieses Verhalten empörte die anderen Rancher, die unter der Überheblichkeit der Mitglieder des Cheyenne-Clubs litten. Sie entschieden sich daher, eine eigene Vereinigung zu gründen, um sich besser zur Wehr setzen zu können. Der Mann, der den Zusammenschluss vorantrieb, hieß Nathaniel Champion, kurz Nate genannt. Als die Mitglieder des Cheyenne-Clubs davon erfuhren, forderten sie die Rancher sofort auf, ihre Organisation wieder aufzulösen. Diese weigerten sich jedoch und verkündeten, dass sie im Frühjahr 1892 ihren eigenen *Round-up* abhalten würden.

Nate Champion war damals 35 Jahre alt. Er stammte aus Texas und hatte dort die Arbeit eines Cowboys gelernt, bevor er nach Norden gekommen war. Er trug einen wilden Schnurrbart, war aber im Grunde ein solider Mann und bekannt für seine Ehrlichkeit und Gradlinigkeit. Nate hatte viele Freunde unter den Cowboys und kleinen Ranchern im nördlichen Wyoming und wurde deshalb von ihnen als eine Art Anführer betrachtet. Er war nicht leicht einzuschüchtern, denn er wusste mit seiner Flinte umzugehen. Im Cheyenne-Club ärgerte man sich darüber, dass er die Rancher zum Widerstand aufrief, und man sann auf Mittel, um ihn aus dem Weg zu räumen.

Aus diesem Konflikt entwickelte sich bald eine kriegerische Auseinandersetzung, die heute als der *Johnson County War* bekannt ist. Sie begann im Jahre 1891, nachdem ein Mann namens Tom Waggoner gehängt wurde, der in Johnson County des Pferdediebstahls verdächtigt worden war. Nachbarn erzählten, Fremde hätten ihn mit vorgehaltener Pistole von seiner Ranch weggeführt. Ein paar Tage später wurde er erhängt aufgefunden. Niemand wusste, von wem er hingerichtet worden war. Aber auf seiner Weide fand man mehr als tausend Pferde, von denen die meisten offensichtlich gestohlen waren. Im Cheyenne-Club freute man sich, dass ein frecher Dieb erwischt worden war, und fasste den Beschluss, bei der nächsten sich bietenden Gelegenheit diesem Beispiel zu folgen.

Nate Champion macht sich unbeliebt

Und Nate Champion bot den Clubmitgliedern einen willkommenen Anlass. Er besaß nur einige Hundert Rinder. Einmal entdeckte er, dass ein paar davon sich unter eine andere Herde gemischt hatten, die zu einer der großen Ranches gehörte. Er ging zu dem dortigen Vorarbeiter Mike Shonsey und bat darum, die Rinder aussondern zu dürfen. Shonsey erwiderte, Nate solle sich keine Sorgen machen, in einigen Tagen würden die Rinder aussortiert werden. Shonsey wartete, bis Nate gegangen war, trennte Nates Rinder von der Herde und verstreute sie dann über die weite Prärie. Als Nate dies bemerkte, ging er wieder zu Shonsey und warf ihm sein Verhalten vor. Doch Shonsey grinste nur.

Shonseys Chef war Mitglied im Cheyenne-Club. Dort löste der Vorfall große Erheiterung aus, die aber wegen eines Vorfalls in Verbindung mit dem Clubmitglied Robert Tisdale bald in Ärger umschlug.

Robert Tisdale war Senator in der Staatsregierung von Wyoming und ein reicher Rancher. Er schickte 2 000 Rinder auf ein großes Weideland, das sich im Besitz der Regierung befand. Auch Nate ließ dort etwa 200 seiner Tiere grasen. Dies verdross Tisdale jedoch, und er vertrieb Nates Rinder wieder, nahm dabei aber einige der Tiere mit.

Daraufhin ritten Nate und seine Cowboys einige Tage später zu einer großen Herde von Tisdales Rindern, um ihn zu bestrafen. Während Tisdale hilflos zuschauten musste – seine Cowboys zeigten wenig Interesse an dieser Affäre – brandmarkten Nate und seine Männer die größten Kälber und verstreuten den Rest von Tisdales Herde.

Solche Vorfälle ließen natürlich den Groll auf beiden Seiten ansteigen. Manche Leute befürchteten, dass sich die gegenseitigen Provokationen bald noch zuspitzen würden. Vielleicht würde sogar ein richtiger Krieg ausbrechen in Wyoming. Und so geschah es dann mehr oder weniger auch. Zunächst kam es jedoch zu einem weiteren Zwischenfall, bei dem wiederum Nate Champion im Mittelpunkt stand.

Nate verbrachte den Winter 1891–1892 in einer gemieteten Hütte, die zu einer alten verlassenen Farm gehörte. Da erhielt er eines Tages Besuch von Mike Shonsey, der kurz vorbeischaute, angeblich um zu plaudern. Nate misstraute Shonsey wegen des früheren Streits. Hinterher wusste er, dass Shonsey nur gekommen war, um festzustellen, ob sich Nate in der Hütte aufhielt.

Früh am nächsten Morgen, dem 1. November 1891, hatte Nate ein unliebsames Erlebnis. Drei Männer brachen mit Gewalt in die Hütte ein. Nate war natürlich überrascht, er war aber geistesgegenwärtig genug, so zu tun, als müsste er gähnen. Dabei streckte er sich, bekam seine Flinte zu fassen, die am Bettpfosten hing, und schoss. Die Eindringlinge schossen ebenfalls, flohen dann aber aus der Tür. Einer war offenbar verwundet worden, denn Nate sah ihn davonhinken.

Durch die Befragung der Nachbarn fand man später heraus, dass die Bewaffneten sich in Richtung von Mike Shonseys Haus zurückgezogen hatten. Ein Zeuge hatte unter den Angreifern außerdem einen Mann namens Frank Canton erkannt, der vor Jahren eine Zeit lang Sheriff in Johnson County gewesen war, bevor er wegen einiger übler Machenschaften seinen Posten verlor. Und man wusste, dass Canton nun vom Cheyenne-Club als Sicherheitsmann angestellt worden war, um Viehdiebe zu jagen. Was also hatte Canton in der Hütte von Nate Champion zu tun, und warum hatte er dort sogar geschossen?

Die meisten Leute konnten sich vorstellen, warum Nate Ziel des Überfalls geworden war. Erst zwei Nächte zuvor hatten sich die Besitzer der kleinen Ranches versammelt und beschlossen, im Frühjahr ihr eigenes *Round-up* zu veranstalten. Dabei hatten sie Nate Champion zum Leiter und Organisator der Veranstaltung bestimmt. Dadurch war er dem Cheyenne-Club natürlich ein Dorn im Auge. Dies sollte jedoch nicht Nates letzter Zusammenstoß mit den Mitgliedern des Cheyenne-Clubs bleiben.

Nate wird ausgeräuchert

Der Cheyenne-Club beschloss, gegen die Unruhestifter in Johnson County vorzugehen und sammelte Geld für eine Kriegskasse. In kurzer Zeit kamen über 100 000 Dollar zusammen. Von dem Geld wurden Männer angeheuert, die mit Flinten und Revolvern umgehen konnten und keine Skrupel hatten, auf ihre Gegner zu schießen.

Am 5. April 1892 verließ ein Sonderzug mit über 50 Passagieren den kleinen Bahnhof von Cheyenne in Richtung Norden. Unter den Fahrgästen befanden sich wichtige Männer der Stadt, die sich häufig im Cheyenne-Club trafen, so etwa der Staatssenator Tisdale, der Wasserwirtschaftsminister W. J. Clarke und andere bekannte Politiker sowie Journalisten und auch ein Arzt. Alle hatten Gewehre oder Revolver bei sich. Sie wurden von zwei Dutzend schwer bewaffneten Männern begleitet, die der Sicherheitsmann Frank Canton in Texas angeworben hatte. In mehreren Güterwagen wurden Pferde und Sattelzeug transportiert. Man fuhr etwa 100 Kilometer weit nach Norden bis zum Ende der Bahnlinie. Auf die Pferde umgestiegen, machte sich die Gesellschaft auf den Weg nach Buffalo, wo die kleinen Rancher ihre Versammlung abgehalten hatten.

Wie man bald erfuhr, war der eigentlich geheimgehaltene Zweck der Expedition, Viehdiebstähle zu unterbinden. Als Mittel hierzu sah der Club die Zerschlagung der Organisation der kleinen Rancher an. Praktisch bedeutete dies, dass man im Club bereit war zu Mord und Totschlag. Später fand man Cantons kleinen Koffer. Dieser enthielt eine Liste von Viehdieben, die entweder erschossen oder gehängt werden sollten; auch ein Vertrag war dabei, der festlegte, dass den Texanern für jeden getöteten Viehdieb 50 Dollar gezahlt werden sollte. Da die kleinen Rancher in Buffalo ihre Zentrale hatten, wollte man zuerst dorthin reiten und im Gerichtsgebäude die dort aufbewahrten Waffen der Polizei erbeuten. Dann würde man durch die Counties ziehen und unterwegs alle diejenigen beseitigen, die auf der Liste standen.

Das Ganze war natürlich eine Ungeheuerlichkeit. Was der Cheyenne-Club unternahm, war nichts anderes als Landfriedensbruch. Aber der Cheyenne-Club kümmerte sich nicht um Recht und Gesetz, sondern verfolgte eigene Ziele. Der Trupp begab sich zunächst zu der KC-Ranch, die auf dem Weg nach Buffalo lag und Nate Champion gehörte, dem Anführer der kleinen Rancher. Es war schon spät am Abend des 8. April 1892, einem Freitag. Die Gruppe umzingelte leise die Gebäude und wartete auf den Anbruch des kommenden Tages.

Auf der Ranch befanden sich außer Nate Champion noch drei weitere Personen. Zwei von ihnen verbrachten dort nur die Nacht, weil sie auf dem Weg nach Buffalo waren. Sie wurden gefangen genommen, als sie frühmorgens aus der Wohnhütte traten, um Wasser im nahen Fluss zu holen. Da sie aber nicht auf der Liste standen, wurden sie später wieder freigelassen. Der dritte jedoch, ein Freund Champions namens Nick Ray, wurde von mehreren Schüssen getroffen, als er sich im Türrahmen zeigte. Er konnte noch ein Stück zurückkriechen, bis ihn Nate Champion, mit dem Revolver nach draußen schießend, wieder in die Hütte hereinzog. Nick starb wenige Stunden später.

Nate Champion selbst wurde einen ganzen Tag lang belagert. Die Bandenmitglieder trauten sich bei Tageslicht nicht in die Nähe der Hütte, denn Nate schoss immer wieder aus der einen oder anderen Luke. Trotzdem gelang es ihm, die Ereignisse in einem Tagebuch niederzuschreiben. Er hoffte wohl, dass man es später finden und die Belagerer bestrafen würde.

„Boys", schrieb er unter anderem, „ich bin sehr einsam im Moment. Wenn nur noch jemand bei mir wäre, damit wir besser beobachten könnten, was draußen geschieht". Sein letzter Eintrag lautete: „Well, jetzt haben sie gerade aufgehört, das Haus zu beschießen als fiele Hagel. Ich höre sie Holz spalten; ich denke, sie werden das Haus anzünden heute Nacht. Jetzt schießen sie wieder. Goodbye, boys, ich glaube, ich werde euch nie wiedersehen."

Nates Ahnung erwies sich als richtig. Spät am Abend loderte plötzlich an einer Ecke der Hütte eine Flamme hoch, und kurz darauf brannte eine ganze Wand. Er steckte sein Tagebuch in die Tasche und rannte in höchster Not zur Hintertür hinaus. In der einen Hand hielt er ein Messer und in der anderen Hand seinen Revolver, mit dem er wild um sich schoss. Doch er kam nicht weit. Tödlich getroffen von Kugeln aus vier Gewehren, fiel er nach wenigen Schritten zu Boden. Auf seine durchlöcherte Brust hefteten die Belagerer einen Zettel, auf dem stand: „Viehdiebe, nehmt euch in Acht!"

Die Leute des Cheyenne-Clubs hatten angenommen, dass niemand von ihrer Tat erfahren würde, bevor sie Buffalo erreichten. Aber während der Belagerung waren zwei vorbeikommende Reiter auf die Schießerei aufmerksam geworden. Einer von ihnen galoppierte, so schnell sein Pferd vermochte, die 70 Kilometer nach Buffalo, wo er dem Sheriff schweißtriefend und erschöpft von den Vorgängen auf der KC-Ranch

berichtete. Sheriff Angus ließ die Nachricht sofort auf den Straßen verkünden. Aufregung und Empörung erfasste die Menschen, als man begriff, dass hier die Viehbarone gegen die kleinen Leute zu Felde gezogen waren. Binnen weniger Stunden versammelte Angus eine Posse von 200 Mann, und am Sonntagabend, dem 10. April, ritt diese Streitmacht in Richtung KC-Ranch.

Erhalten die Mörder ihre Strafe?

Die Truppe des Cheyenne-Clubs hatte inzwischen Nates ausgebrannte Ranch verlassen und war weiter nach Norden gezogen, auf Buffalo zu. Auf halbem Weg dorthin befand sich ein anderes verlassenes Gehöft, die TA-Ranch, wo die Männer übernachteten. Gerade als sie am nächsten Morgen aufbrechen wollten, traf die Posse unter Sheriff Angus aus Buffalo ein. Die Leute des Cheyenne-Clubs verschanzten sich, so gut

sie konnten, auf der Ranch in einer aus groben Balken ge-
zimmerten Scheune. Da einige von ihnen verletzt waren oder
sich auch nur aus Feigheit davongemacht hatten, war die
Gruppe nur noch 45 Mann stark. Während der nächsten
zwei Tage wurden sie von den über 200 zornigen Männern
aus Buffalo und Umgebung belagert.

Einmal versuchte ein Dutzend der Schießgesellen aus Texas
einen Ausbruch. Während ihre Kameraden von der Scheune
aus ihnen mit einem Kugelhagel Feuerschutz gaben, stießen
sie eine kleine Tür auf und versuchten, in das enge Tal eines
nahen Baches, des Crazy Woman Creek, zu gelangen. Aber
sie kamen nur ein paar Schritte weit. Im wütenden Feuer der
Belagerer fielen drei der Ausbrecher sofort tot zu Boden; die
anderen verschwanden prompt wieder in der Scheune, zum
Teil aus mehreren Schusswunden blutend. Währenddessen
bauten einige der Belagerer eine starke Brustwehr. Sie befes-
tigten Balken auf einem Planwagen so, dass man sich dahinter verbergen konnte. Den Wagen wollten sie dann auf die
Scheune zuschieben und sie mit Dynamit bewerfen.

Dass es nicht so weit kam, verdankten die Belagerten einem Trick von Mike Shonsey. Er knotete ein weißes Tuch an
einen Stock und ritt damit zum kurz geöffneten Scheunentor
hinaus. Die Belagerer glaubten, dass Shonsey über die Ka-
pitulation verhandeln wollte, und stellten das Feuer ein. Aber
als er in ihrer Nähe war, gab er seinem Pferd die Sporen und
flüchtete in rasendem Galopp in Richtung Buffalo. Die Kugeln, die man ihm nachsandte, erreichten ihn nicht mehr. In
Buffalo gelang es Shonsey, ein Telegramm in die Hauptstadt
Cheyenne aufzugeben, in dem er von der Not der Clubleute
in der Scheune berichtete. Der Gouverneur des Staates, der
kein Blutvergießen oder gar einen Bürgerkrieg in seinem
Gebiet haben wollte und der außerdem viele Mitglieder des
Cheyenne-Clubs persönlich kannte, begriff, dass die Situation
das Eingreifen des Militärs verlangte.

Da das Militär der Regierung in Washington unterstand, ging von Cheyenne aus eine telegrafische Bitte um militärische Unterstützung an Präsident Benjamin Harrison. Dieser handelte sofort und wies das 6. Kavallerie-Regiment in Fort McKinney bei Buffalo an, auf dem Kampfplatz nach dem Rechten zu sehen. Schon wenige Stunden später verließ eine starke Abteilung des Kavallerie-Regiments Fort McKinney, und nach scharfem Ritt erreichten die Soldaten mitten in der Nacht, um 2:00 Uhr morgens, die TA-Ranch.

Die Belagerer waren gerade dabei, die Vorbereitungen für ihren Dynamit-Vorstoß abzuschließen, mussten jedoch den Kommandeur der Kavallerie-Abteilung durchlassen. Dieser verhandelte kurz mit den Belagerten, woraufhin diese sich ergaben. Die Kavallerie-Abteilung nahm alle Männer in der Scheune in Gewahrsam und beschlagnahmte dabei noch 45 Flinten, 41 Revolver und über 5 000 Schuss Munition.

Die Truppe des Cheyenne-Clubs wurde in die Staatshauptstadt Cheyenne verbracht und dort in einer Kaserne festgehalten, weil das Gefängnis der Stadt so viele Personen nicht aufnehmen konnte. Man machte es den Gefangenen leicht. Sie durften tagsüber sogar die Kaserne verlassen, wenn sie versprachen, für die Nacht zurückzukommen. Die Leute in Johnson County, allen voran Sheriff Angus, waren sehr empört darüber, dass die Gruppe nicht in Buffalo selbst oder in der Nähe eingesperrt wurde, etwa in Fort McKinney. Aber der General, der die 6. Kavallerie kommandierte, war der Ansicht, dass die Bevölkerung in Buffalo zu erregt sei und dass man die Gefangenen, die ja noch nicht verurteilt waren, deshalb nicht dort in der Gegend belassen könnte. In der Tat hatten sich bereits Hunderte von bewaffneten Männern, jung und alt, in den letzten Tagen bei Fort McKinney versammelt in der falschen Meinung, dass die Mordgesellen dort festgehalten würden.

In Buffalo, dem Hauptort von Johnson County, begann der Staatsanwalt mittlerweile, Beweismaterial für einen Prozess gegen die Cheyenne-Club-Bande zu sammeln. Er fand nicht nur heraus, dass die Texaner für jeden Mord 50 Dollar bekommen sollten. Er erfuhr auch, dass die Killer außer der KC-Ranch bereits eine Reihe anderer Farmhäuser abgebrannt hatten und dass sie vorhatten, Ähnliches in benachbarten Counties zu unternehmen. Und bald drang an die Öffentlichkeit, dass viel mehr Leute in hohen Positionen für den Zug der Banditen Geld gespendet hatten, als man bisher geahnt hatte.

Mit diesen Verbindungen hing es vermutlich zusammen, dass die ganze Angelegenheit überhaupt nicht vor Gericht kam. In Buffalo wollte man den Prozess abhalten, aber es zeigte sich, dass das Gericht dort zu wenig Geld hatte, um die Gefangenen in Fort McKinney oder irgendwo in der Nähe unterzubringen, die Polizeikräfte zu verstärken, einen großen Saal für die Verhandlung zu mieten und alle Zeugen zu bezahlen. Johnson County war eben ein armer Bezirk. Also musste man den Prozess an die Behörden in der Staatshauptstadt Cheyenne abgeben. Dort aber besaßen viele der Gefangenen mächtige Freunde.

Diesen Freunden gelang es, die Eröffnung des Prozesses immer weiter hinauszuschieben. Schließlich wurden die Angeklagten gegen Kaution freigelassen. Daraufhin zahlten viele der Schießgesellen aus Texas die Kaution und verschwanden auf Nimmerwiedersehen. Und dann wurde auch noch die Anklage gegen die Mitglieder des Cheyenne-Clubs mit der Begründung aufgehoben, dass das Gericht in Johnson County den Prozess ja nicht führen wolle.

So wurden die Mörder von Nate Champion und Nick Ray nie bestraft. In Johnson County gab es noch eine Weile lang laute Proteste gegen diese Ungerechtigkeit. Aber im Wilden Westen hatten Gesetz und Ordnung noch Schwierigkeiten, sich immer Geltung zu verschaffen. Viele Drohungen wurden gegen die Mitglieder des Cheyenne-Clubs ausgestoßen und ihnen wurden schlimme Konsequenzen angekündigt, sollten sie sich jemals wieder in Buffalo oder in der Gegend zeigen. Doch bei diesen Drohungen blieb es dann auch.

Immerhin hatten die arroganten Mitglieder des Cheyenne-Clubs im Verlauf des *Johnson County War* begriffen, dass sie ihre Ziele nicht einfach mit Waffengewalt durchsetzen konnten. Viele von ihnen waren ja gerade noch an einer langen Gefängnisstrafe vorbeigeschrammt. Sie haben jedenfalls nie wieder eine solche Mordexpedition unternommen.

4

Indianer auf dem Kriegspfad

Joseph und Sitting Bull waren Häuptlinge, Geronimo dagegen war ein Medizinmann und der Sprecher seines Schwagers, des Häuptlings Juh. Betrachtet man ihre Lebenswege, so möchte man sie wohl Helden nennen. Denn sie kämpften mutig und tapfer, und jeder führte sein Volk mit viel Klugheit und Ausdauer sowie Verständnis für das Notwendige. Aber letzten Endes waren sie tragische Helden. Denn wie hätten sie sich erfolgreich gegen die Übermacht der Weißen wehren sollen?

Chief Joseph

Chief Joseph verwünscht die USA

Joseph gehörte zum Stamme der Nez-Percé-Indianer. Sie erhielten diesen Namen, der auf Französisch „durchbohrte Nase" bedeutet, als ein Dolmetscher sie Anfang des 19. Jahrhunderts mit einem Stamm verwechselte, der sich wirklich die Nasen durchbohrte. Sie selbst taten das nicht. Die Volksgruppe lebte im heutigen Staat Oregon im Nordwesten der Vereinigten Staaten, im Wallowa-Tal zwischen den Blue Mountains und dem Snake River. Die Nez Percé jagten Rotwild, Elche, Bergziegen und Grizzly-Bären.

Häuptling Tu-eka-kas war als einer der ersten Indianer im Bergland von weißen Missionaren getauft worden und hatte den Namen Joseph erhalten. Im Jahre 1855 half er dem weißen, aus der amerikanischen Hauptstadt Washington gesandten Gouverneur, eine Reservation für die Nez Percé einzurichten. In diesem über 30 000 Quadratkilometer großen Gebiet in Oregon und Idaho sollten die Indianer künftig in Ruhe leben können. Als die ersten weißen Pelzjäger und Händler in der Gegend auftauchten, hießen die Nez Percé sie willkommen. Auch als immer mehr Weiße kamen, darunter auch viele Siedler, die sich im Reservationsgebiet niederließen, lebte man friedlich nebeneinander.

Aber in den frühen 1860er Jahren wurde in der Gegend Gold gefunden. Dies änderte alles. Regierungsvertreter aus Washington forderten nun von den Nez Percé, sich auf ein anderes Gebiet, die Lapwai-Reservation in Idaho, zurückzuziehen. Diese Reservation war jedoch nur etwa ein Zehntel so groß wie das ihnen zuvor zugesprochene Gebiet. Manche Häuptlinge der Nez Percé unterzeichneten den neuen Vertrag trotzdem. Sie verpflichteten sich dadurch, ihr Land zu verlassen und künftig in der Lapwai-Reservation zu leben, und zogen mit ihren Stämmen dorthin. Häuptling Joseph jedoch fühlte sich betrogen. Empört verwünschte er die Vereinigten Staaten und zerriss seine amerikanische Flagge sowie seine Bibel. Er weigerte sich, den neuen Vertrag abzuschließen und mit seinem Stamm nach Idaho zu gehen. Und er hatte offenbar Erfolg damit. Denn zunächst unternahm die Regierung nichts.

Als der alte Häuptling Joseph im Jahre 1871 starb, machte der Nez-Percé-Stamm seinen 31-jährigen Sohn, der ebenfalls Joseph hieß, zum Nachfolger. (Ursprünglich war dessen Name Hin-mah-tu-yah-lat-kekt gewesen, Donner, der den Berg hinunterrollt.) Vorerst schien es, als ob der jüngere Joseph und sein Stamm weiterhin im alten Reservationsgebiet geduldet würden. Aber als immer mehr weiße Siedler kamen, begann die amerikanische Regierung, Druck auszuüben. Im Frühjahr 1877 drohte General Oliver O. Howard mit einem Kavallerieangriff, wenn die Stämme, die sich der Vertreibung widersetzten, sich nicht binnen 30 Tagen auf den Weg nach Idaho machten. Häuptling Joseph wusste, dass die Indianer einen Krieg gegen die Weißen nicht gewinnen konnten. So überzeugte er schweren Herzens seine Stammesältesten, dass sie doch umsiedeln mussten, und sie brachen schließlich auf.

Der Aufbruch, ein Überfall und die Flucht

Die Indianer erreichten ihr Ziel nicht, und was folgte, war eine Episode voller Heldentum und Tragik, die in der amerikanischen Geschichte ihresgleichen sucht. Während der folgenden 30 Tage versammelten die Indianer ihre Rinderherden und Pferde, bündelten ihre Zelte und packten Nahrungsmittelvorräte und ihr sonstiges Hab und Gut zusammen.

Am Tag des Aufbruchs setzte sich der Zug auf ein Signal Josephs hin nach Osten in Richtung Idaho in Bewegung. Die jüngeren Männer mussten zu Pferde das Vieh zusammenhalten und antreiben. Die Vorhut erkundete den Weg, während die Nachhut dafür sorgte, dass niemand zurückblieb. Wenn die Täler breiter wurden, galt es, auch die Flanken zu sichern, um keine bösen Überraschungen zu erleben. Die älteren Männer und auch viele Frauen führten die Maultiere, welche die Packwagen zogen, schleppten selbst Gepäck oder hüteten die Kinder. In dem bergigen Gelände kam man nur mühsam voran, aber da die Nez Percé schon früher gelegentlich umhergezogen waren, konnten sie hoffen, unversehrt anzukommen.

Das Schicksal wollte es jedoch anders. Als Joseph sich einmal von seinem Stamm entfernt hatte, nutzten einige der jungen Krieger seine Abwesenheit, um unerlaubterweise das Lager zu verlassen und wegzureiten. Sie waren wütend darüber, dass man sie aus ihrer großen Reservation vertrieben hatte. Als sie auf eine Ansiedlung von Weißen stießen, betranken sie sich mit Whiskey, den sie dort fanden, legten Feuer an die Häuser und brachten danach etwa 15 weiße Siedler um. Als Joseph in das Lager zurückkehrte und davon erfuhr, war er voller Zorn und zugleich tieftraurig. Er wusste, dass dies nun den Krieg bedeutete, den er so sehr hatte vermeiden wollen.

Für Joseph war es offensichtlich, dass seine Indianer diesen Krieg wegen der Truppenstärke des Gegners und dessen Waffenüberlegenheit nicht gewinnen konnten. Aber er musste einen Weg finden, dieses große Unglück von seinem Stamm fernzuhalten. So beschloss er, den Kämpfen nach Möglichkeit auszuweichen und Hilfe oder wenigstens Unterschlupf bei anderen Indianerstämmen zu suchen. Es wurde eine schier unendliche Reise, immer auf der Flucht vor den Soldaten der Regierung, durch grüne Täler und graue, schotterübersäte Felswüsten, über kaum erklimmbare Bergpässe, über reißende Flüsse und entlang furchterregender Abgründe. Der Stamm legte im Sommer des Jahres 1877 weit mehr als 2 000 Kilometer zurück, und die Furcht vor der Bestrafung durch das Militär zwang die Indianer oft dazu, weite Umwege zu machen.

General Howard nimmt die Verfolgung auf

Die Furcht der Indianer war berechtigt. General Howard zog eine große Truppe zusammen, und Mitte Juni kam es bereits zu einem ersten Gefecht. Zwei Kompanien Kavallerie, welche die Indianer beobachten sollten, stießen auf deren Lager. Als die Stämme den Soldaten eine Abordnung mit einer weißen Flagge entgegenschickten, um ihre Friedfertigkeit zu zeigen, wurden sie beschossen. Daraufhin erwiderten die Indianer das Feuer. Der Zufall wollte es, dass eine Kugel gleich zu Beginn den Trompeter traf, sodass der Kommandeur seine Anordnungen nicht mehr durch Trompetensignale verkünden konnte. Dies verursachte ein großes Durcheinander bei der

Truppe, und die Soldaten mussten sich unter starken Verlusten zurückziehen. Bei der Verfolgung durch die Nez Percé fielen weitere Soldaten, sodass schließlich von den rund 100 Kavalleristen 34 ihr Leben verloren, während die Indianer nur zwei Verwundete zu beklagen hatten.

Auf ihrem ganzen Zug verhielten sich die Nez Percé sehr achtbar. Hatten sie Angreifer zurückgeschlagen, begruben sie ihre Toten, fertigten Tragbahren für die Verwundeten an und zogen dann weiter. Tote Feinde skalpierten sie nicht, obwohl General Howard dies jenen Indianern erlaubte, die mit ihm verbündet waren. Die Nez Percé versuchten, das Land friedlich zu durchqueren, und kauften Proviant von den Siedlungen im westlichen Montana, wobei sie mit Münzen und Papiergeld bezahlten. Nur gelegentlich, wenn sie von Armeeeinheiten und weißen Freiwilligen angegriffen wurden, töteten sie weiße Männer.

Einige Tage nach dem ersten Gefecht erhielt Josephs Stamm Verstärkung durch andere Nez Percé unter Häuptling Looking Glass, die sich ebenfalls zum Aufbruch entschlossen hatten. Zusammen waren es nun über 700 Indianer, die sich auf der Flucht befanden. Aber das Militär war ebenfalls zahlreicher geworden, da General Howard mit seiner Hauptstreitmacht eingetroffen war.

Als die Truppen am 11. Juli auf das Lager der Nez Percé stießen, ließ Howard zur Attacke blasen. Darauf hatten die Indianer gewartet. Unter gellendem Schlachtgeschrei unternahmen sie schießend und Keulen schwingend einen Gegenangriff. Sie konnten die Truppen zunächst zurücktreiben, doch die Soldaten hatten inzwischen einige Geschütze in Stellung gebracht, und als diese zu feuern begannen, mussten die Indianer weichen. Die Frauen und Kinder konnten aus dem Lager fliehen, aber sie mussten einen großen Teil ihrer Habe zurücklassen. Immerhin fielen von den Indianern nur zehn, während 40 Soldaten ihr Leben ließen.

Trügerische Ruhe

Die Nez Percé beschlossen nun, nach Osten in das Prärie-
land zu ziehen, um dort vielleicht bei den Crow-Indianern
Zuflucht zu finden. Mit diesen hatten sie in früheren Jahren
gemeinsam Bisonjagden unternommen. Aber ehe sie dort ankamen, mussten sie noch mehrere Gefechte durchstehen, darunter das am Big Hole River. An diesem Fluss im Montana-
Territorium schlugen sie Anfang August ihr Lager auf. Sie
wussten, dass sie General Howard mit seinen Truppeneinhei-
ten weit hinter sich gelassen hatten. Denn sie selbst verstanden sich darauf, notfalls von Wurzeln und Beeren zu leben.
Das half ihnen, schnell voranzukommen, da sie nicht viel Zeit
darauf verwenden mussten, auf die Jagd zu gehen. Die Soldaten jedoch mussten ihren Proviant auf großen Planwagen
transportieren, was die Verfolgung erheblich verlangsamte. Da
die Nez Percé glaubten, einen großen Vorsprung zu haben,
wollten sie sich ein paar Tage Erholung gönnen.

Aber die Ruhe trog. Denn General Howard hatte die Besat-
zung in dem weiter nördlich gelegenen Fort Shaw telegrafisch
benachrichtigt, und von dort war eine Abteilung Soldaten
unter Oberst John Gibbon aufgebrochen, die sich nun dem
Indianerlager näherte. Eines frühen Morgens Anfang August
ließ Gibbon zum Angriff blasen. Seine Soldaten fielen in das
Lager ein und schossen wild um sich. Joseph und die anderen Häuptlinge schafften es allmählich, ein paar ihrer Krieger
zu sammeln und eine Gegenwehr zu organisieren. Es gelang
ihnen sogar, die Soldaten in ein nahe gelegenes Waldstück
zu treiben. Aber während die Amerikaner 69 Mann verloren,
starben insgesamt 87 Nez Percé, darunter viele Frauen und
Kinder.

Die Indianer hörten Gerüchte, dass sich nun auch General Howard mit seinen Truppen näherte, und ihnen war klar,
dass sie schleunigst weiterfliehen mussten. So zogen sie wei-

ter nach Osten, und Joseph sandte Boten zu den Crow-Indianern und bat um Unterstützung. Doch die Crow lebten mit den Weißen in Frieden. Sie wollten diesen nicht gefährden und gewährten den Nez Percé daher keinen Unterschlupf. Den Indianern blieb nur noch ein Ausweg. Joseph entschied, nach Norden zu ziehen, um die kanadische Grenze zu erreichen und dahinter auf britischem Gebiet Zuflucht zu suchen. Da Joseph erfuhr, dass ihnen General Howards Soldaten den direkten Weg versperrten, führte er seine erschöpften Stammesmitglieder zuerst nach Süden und von dort nach Osten, auf einem langen und beschwerlichen Weg durch den Yellowstone Park im heutigen Staat Wyoming, bis es schließlich in Richtung Kanada ging.

Viele der Nez Percé wurden krank, und als sie sich nach Wochen der Grenze näherten, wollten Joseph und die anderen Häuptlinge ihren Leuten noch einige Tage Ruhe gönnen. Sie waren nun weit von ihrem Feind Howard entfernt und zogen im flacheren Land langsamer voran; so gewannen ihre Jäger Zeit für die Bisonjagd, und die Schwachen und Kranken konnten sich etwas erholen. Nahe den Bear Paw Mountains, 50 Kilometer von der kanadischen Grenze entfernt, schlugen sie ein Lager auf.

Dies stellte sich als Fehler heraus. Denn General Howard war zwar noch weit entfernt, aber auch jetzt hatte er, wie schon zuvor, den Telegrafen für sich arbeiten lassen. War im August auf einmal Oberst Gibbon aufgetaucht, so erschien nun unversehens von Südosten her Oberst Nelson A. Miles mit einer beträchtlichen Streitmacht.

Die Nez Percé konnten nicht mehr entkommen. Es blieb ihnen nur noch Zeit, Gruben in die Uferböschungen ausgetrockneter Bäche um ihr Lager herum zu graben. In diesen verschanzten sie sich, als Miles angreifen ließ. Indianische Scharfschützen fügten der attackierenden Kavallerie schwere Verluste zu, sodass sie zurückfiel. Der Kampf dauerte fünf

Tage. Immerzu trieb ein kalter Wind nassen Schnee über die Prärie. Die Indianer verloren viele Krieger, darunter Häuptling Looking Glass und Josephs Bruder Ollicut. Sie konnten nicht verhindern, dass die Soldaten viele ihrer Pferde wegführten. Alle Indianer, und besonders auch die Frauen und Kinder, litten entsetzlich unter Hunger und Kälte. Und am 4. Oktober erreichte dann General Howard das Schlachtfeld.

Joseph übergibt seine Büchse

Howard bot an, die Nez Percé in die Lapwai-Reservation ziehen zu lassen, wenn sie kapitulierten. Um dies zu entscheiden, hielt Joseph seinen letzten Stammesrat ab. Angesichts des Elends seines Stammes empfahl er die Übergabe, und er setzte sich damit schließlich durch. Ein Nez-Percé-Indianer aus der Lapwai-Reservation, der mit Howard gekommen war, übersetzte Josephs Rede den wartenden Offizieren. Er weinte dabei.

„Ich bin des Kämpfens müde", hatte Joseph gesagt, *„unsere Häuptlinge sind tot ... Es ist kalt, und wir haben keine Decken. Die kleinen Kinder erfrieren. Einige unserer Leute sind in die Hügel geflohen ... Ich möchte nach meinen Kindern schauen und sehen, wie viele ich noch finden kann. Vielleicht finde ich sie unter den Toten. Ich bin müde; mein Herz ist krank und traurig."* Und Joseph hatte mit den Worten geendet: *„Von dort an, wo die Sonne jetzt steht, werde ich nie wieder kämpfen."*

Zwei Stunden später ritt Joseph hinüber und übergab General Howard seine Winchester-Büchse. Dann kamen die anderen Überlebenden herbei, 87 Männer, 184 Frauen und 147 Kinder. Etwa die Hälfte der Männer und viele Frauen waren verwundet. Sie übergaben ihre Pferde, 1100 an der Zahl, 100 Sättel und mehr als 100 Gewehre. Nun war ihre Flucht zu Ende. Sie waren vier Monate lang unterwegs gewesen und

hatten dabei mehr als 2 700 Kilometer zurückgelegt. Nur 200 ihrer etwa 700 Stammesmitglieder waren Krieger gewesen.

Aber sie hatten sich gegen die über 2 000 amerikanischen Soldaten, die sie verfolgten, mit Tapferkeit und Umsicht, Findigkeit und Ausdauer gewehrt. 65 Krieger und 55 Frauen hatten dabei ihr Leben verloren. Nun waren sie der vielfachen Übermacht erlegen.

General Howard und Oberst Miles wollten die Indianer in die Lapwai-Reservation führen. Aber nach wenigen Tagen kam per Telegraf aus Washington die Anordnung, die Nez Percé im Süden anzusiedeln, im Indianer-Territorium des heutigen Staates Oklahoma. Im Kriegsministerium fürchtete man, dass sie wieder einen Aufstand anzetteln könnten, wenn man sie in der Gegend ihrer alten Heimat beließe. Erst 1885 durften sie wieder in die Berge zurückkehren, aber nur in die Colville-Reservation weit nördlich von ihrem Ursprungsland.

Häuptling Joseph selbst verlor nie die Hoffnung auf eine Rückkehr in das geliebte Wallowa-Tal in Oregon. Im Jahre 1879 reiste er nach Washington, um bei Präsident Rutherford B.Hayes Fürsprache für sein Volk einzulegen. Er erreichte aber nichts, und auch spätere, ähnliche Bemühungen brachten keinen Erfolg. 1899 und 1900 durfte er jedoch das Wallowa-Tal besuchen und stand tränenüberströmt am Grab seines Vaters. In dem Gebiet hatten sich inzwischen Weiße niedergelassen. Er kehrte in die Colville-Reservation zurück. 1904 ereilte ihn dort der Tod, als er allein in seiner Hütte vor dem Kaminfeuer saß. Der Arzt sagte, er sei an gebrochenem Herzen gestorben.

Die Schlacht am Little Bighorn: Custers letztes Gefecht

Alle Amerikaner hören schon in der Schule von der Schlacht am Little Bighorn. Die amerikanischen Truppen erlitten dort eine verheerende Niederlage. Für die Indianer im Westen war es der größte Sieg gegen die Weißen.

Ein Vertrag wird gebrochen

Als die weißen Siedler immer weiter nach Westen vordrangen, kam es nicht selten zu Reibereien, ja sogar zu Kriegen. Denn die Weißen besetzten das Land, das die Indianer von alters her bewohnt hatten. Die Prärie war das Heimatgebiet der Cheyenne und der Sioux. Diese Völker bestanden aus vielen einzelnen Stämmen und lebten nicht sesshaft, sondern zogen auf ihren Pferden den Bisonherden nach; von der Jagd auf diese Tiere bestritten sie ihren Lebensunterhalt.

Im Jahre 1868 schloss die amerikanische Regierung mit den Sioux einen Vertrag ab. Den Indianern wurde ein großes Gebiet im damaligen Dakota-Territorium zugesprochen, und sie verpflichteten sich dafür, künftig keine weißen Siedler außerhalb dieser Reservation mehr zu behelligen. Die Abmachung sollte gelten, „solange das Gras wächst", also praktisch für immer.

Doch dieser Vertrag wurde rasch gebrochen, nachdem Anfang der 1870er Jahre Gerüchte über Goldfunde in der Reservation laut wurden. Obwohl Weißen das Betreten des Indianergebiets verboten war, drangen unaufhörlich dreiste Glücksritter, die sich bereichern wollten, in die Region ein.

Aus Sorge um den Frieden in der Reservation und um sich über die Lage vor Ort ein Bild zu machen, entsandte die amerikanische Regierung 1874 eine Militärexpedition unter Oberstleutnant George A. Custer in die Gegend. Die Expedition kam zurück und bestätigte, dass dort Gold gefunden werde und viele Weiße bereits danach schürften. Dieser Bericht wurde allgemein bekannt, und von da an war natürlich an eine Beruhigung nicht mehr zu denken. Aus anderen, inzwischen ausgebeuteten Goldgebieten, aber bald auch von sonst überall her, kamen nun die Goldgierigen herbeigeströmt. Zahlreiche Goldgräbersiedlungen aus Blech- und Holzhütten entstanden, in denen das Gesetz wenig galt.

Die amerikanische Regierung bot den Indianern an, das Goldgebiet zu kaufen. Aber die Sioux ließen sich darauf ein, denn die Hügel im Goldgebiet waren ihnen heilig. Das Einströmen der weißen Goldsucher verursachte bei ihnen Unruhe und Empörung. Viele fühlten sich nicht mehr verpflichtet, in der Reservation zu verbleiben, und zogen über deren Grenze in ihnen nicht zugesprochenes Gebiet.

Zu diesen Sioux stießen andere Indianer, vor allem vom Stamme der Cheyenne, denen noch kein Land zugewiesen worden war. Im Jahre 1875 begannen die beiden Häuptlinge Sitting Bull und Crazy Horse, ihre Stammesmitglieder zu sammeln und auf einen kommenden Krieg vorzubereiten. In Washington beschloss man daraufhin, der Gefahr militärisch zu begegnen. Einheiten des amerikanischen Heeres sollten in das Gebiet aufbrechen und die Indianer in die Reservation zurückdrängen.

Die Indianer sammeln sich

Die Reservation der Sioux befand sich im damaligen Dakota-Territorium und nahm praktisch das gesamte südwestliche Viertel des heutigen Staates South Dakota ein. Seinerzeit umfasste die Reservation noch die Black Hills, ein hügeliges Gebiet, in dem Gold gefunden wurde und wo rasch einige Goldgräbersiedlungen wie Deadwood und Hill City entstanden. Die Sioux zogen wegen des Einströmens der Goldsucher von den Black Hills weg über die Reservationsgrenze nach Nordwesten in das Montana-Territorium, das den heutigen Staat Montana bildet. Dort vereinigten sie sich mit Indianern vom Volk der Cheyenne, die einige Jahre zuvor weiter südlich mit amerikanischem Militär zusammengestoßen waren und nun nach Norden wanderten.

Die Sioux und die Cheyenne errichteten ein Lager am linken Ufer des Little Bighorn, eines kleinen, vom Wyoming-Territorium her nach Norden strömenden Flusses, der nach etwa 25 Kilometern in den Bighorn-Fluss fließt; dieser mündet seinerseits nach weiteren rund 50 Kilometern in den von Westen kommenden Yellowstone, einen großen Nebenfluss des Missouri. Etliche Kilometer flussabwärts von der Mündung des Bighorn fließt ein weiterer kleiner Fluss, der Rosebud, in den Yellowstone. Truppen- und Nachschubtransporte konnten per Dampfschiff von Osten her auf dem Yellowstone bis in die Gegend der Rosebud-Mündung gebracht werden.

Die Kavallerie kommt

Eine starke Abteilung unter Brigadegeneral George Crook, bestehend aus knapp 1000 Mann Kavallerie und Infanterie und außerdem 250 Indianern, die den Sioux feindlich gesinnt waren, zog Ende Mai 1876 vom Wyoming-Territorium aus nach Norden in Richtung auf die Black Hills. Von Westen, den Yellowstone River herunter, kam Oberst John Gibbon mit einer etwas schwächeren Truppe.

Die stärkste Streitmacht war in dem Armeestützpunkt Fort Abraham Lincoln am Missouri zusammengestellt worden; sie bestand ebenfalls aus Kavallerie und Infanterie sowie aus einer Abteilung, die mit schweren Maschinengewehren, sogenannten Gatling-Guns, ausgerüstet war. Dazu kamen über 150 Nachschubwagen und eine große Anzahl von Packmaultieren mit ihren Treibern. Diese starke Truppe wurde von

Brigadegeneral Alfred Terry von Osten her herangeführt. Der Plan war, die Indianer zwischen die drei Angriffskeile einzuzwängen und vernichtend zu schlagen.

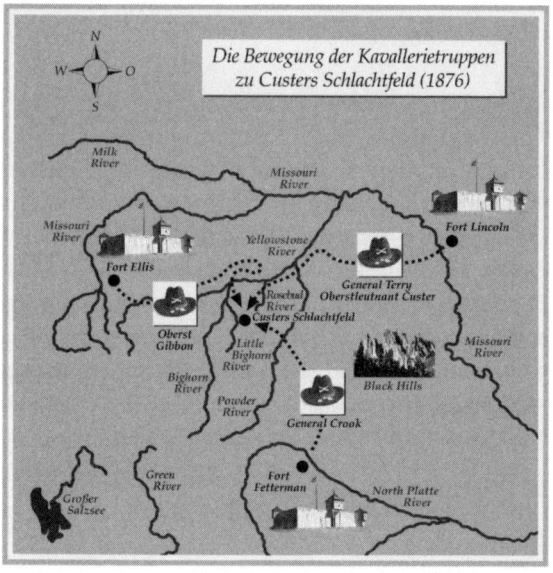

Die Bewegung der Kavallerietruppen zu Custers Schlachtfeld (1876)

Der Plan ging jedoch nicht auf. Die von General Crook kommandierte Abteilung wurde am 17. Juni von einer etwa genauso starken indianischen Streitmacht aufgehalten, und am Rosebud River entwickelte sich ein Gefecht. Die Verluste auf beiden Seiten waren nicht sehr groß, aber Crook war danach gezwungen, sich um seine Verwundeten und um Nachschub zu kümmern.

Gibbons und Terrys Truppen erfuhren davon nichts. Sie waren inzwischen weiter oben am Yellowstone River zusammengetroffen. Da man die Spuren eines großen Indianerzuges entdeckt hatte, beschlossen die beiden Kommandeure, diese Indianer nun in die Zange zu nehmen. Der Großteil ihrer Truppen sollte sich am Bighorn aufstellen. Oberstleutnant Custers starkes 7. Kavallerieregiment aber wurde nach Süden geschickt und sollte von dort die Indianer, die man im Tal des Bighorn oder an einem seiner Nebenflüsse vermutete, nach Norden in Richtung auf diese Hauptmacht treiben.

Custer macht einen Plan

Custer hatte, wie wir bereits wissen, zwei Jahre zuvor schon eine Erkundungsexpedition in die Black Hills geleitet. Er hatte früher im amerikanischen Bürgerkrieg reiche Felderfahrung sammeln können. Seither hatte er auch an vielen Kämpfen gegen die Indianer in Kansas, im Wyoming- und im Dakota-Territorium teilgenommen, und er war bekannt als ehrgeiziger und stürmischer Draufgänger. Nicht alle seine Soldaten liebten ihn, denn er forderte strikte Disziplin, trieb seine Leute oft unerbittlich an und riskierte viel. Aber viele bewunderten auch sein Ungestüm, und den Zeitungslesern war das Bild des Reiterobersten mit flatternder blonder Mähne, rotem Halstuch und gezücktem Säbel wohl vertraut.

General Terry bot Custer zur Verstärkung die Gatling-Gun-Abteilung an, doch Custer glaubte, dass deren Transport zu hinderlich sei. Auch vier zusätzliche Kavalleriekompanien lehnte er ab, denn, so sagte er, das 7. Regiment könne unter seiner Führung alles erreichen, was es erreichen wolle. Dies war allerdings ein verhängnisvoller Irrtum, wie sich sehr bald herausstellte.

Man brach am 22. Juni auf und zog durch ein östlich zum Little Bighorn verlaufendes Tal nach Süden. Abends beim Lagerfeuer teilte Custer seinen Offizieren mit, dass seinen Kundschaftern zufolge etwa 1 500 feindliche Indianer in der Nähe seien und dass er plane, sie anzugreifen. Eigentlich hätte Custer mit dem Angriff warten müssen, bis die Hauptstreitmacht unter General Terry eingetroffen war, damit eine Zangenbewegung zustandekommen konnte. Aber er war waghalsig und wollte, wohl um sich den ganzen Ruhm zu sichern, allein losschlagen.

Zwei Tage später, am 24. Juni, erreichten Custers Scouts eine Hügelspitze, von der aus man das Tal des Little Bighorn in der Ferne sehen konnte. Was sie erblickten, verschlug ihnen für einen Augenblick die Sprache. Eine gewaltige Pferdeherde und Rauch ließen auf ein großes Indianerlager in etwa 25 Kilometern Entfernung schließen. Auf ihren Bericht hin sandte Custer sofort einen Offizier auf die Hügelspitze. Dieser konnte allerdings nichts mehr erkennen; und auch Custer selbst konnte, als er später auf den Hügel ritt, wegen der im Tal länger werdenden Schatten das Indianerlager nicht mehr sehen.

Trotzdem entschied Custer sich zum Angriff. Sein anfänglicher Plan war, am Morgen des folgenden Tages eine Überraschungsattacke zu reiten. Als er allerdings erfuhr, dass man mehrere feindliche Indianer in der Nähe gesichtet hatte, entschloss er sich, sofort anzugreifen. Er fürchtete, dass die Indianer die Truppe bereits entdeckt hätten und dass sich das Dorf über Nacht auflösen würde.

Custer plante, das Dorf von zwei Seiten, von Norden und von Süden, in die Zange zu nehmen. Zu diesem Zweck teilte er seine Streitmacht in drei Bataillone auf. Eines, drei Kompanien stark und befehligt von Hauptmann Frederick Benteen, wurde abgesandt, um im Süden und Westen eventuelle Fluchtversuche der Indianer zu vereiteln. Major Marcus Renos Aufgabe war es, das Indianerdorf von Süden her anzugreifen.

Custer selbst wollte mit dem dritten Bataillon entlang der das Tal begrenzenden Hügelkette nach Norden reiten, um dann von dort her auf das Dorf vorzustoßen.

Custers „*Last Stand*"

Major Reno führte seine Kompanien durch den Little Big-horn River, den die Pferde durchwaten konnten, und begann einen Angriff auf das Südende des Dorfes. Doch die Attacke kam rasch ins Stocken, da plötzlich ein Pfeilhagel auf die linke Flanke von Renos Truppe niederprasselte und sich unter gellendem Schlachtgebrüll eine starke Schar Sioux- und Cheyennekrieger auf ihren Pferden, Lanzen im Anschlag oder schwere Keulen schwingend, auf die Angreifer stürzte.

Reno befahl seinen überraschten Männern abzusitzen und eine Gefechtslinie zu bilden. Aber sie wurden schnell in ein Dickicht am Fluss abgedrängt. Weil sie sich auch dort nicht halten konnten, zogen sie sich unter blutigen Verlusten durch den Fluss zurück und konnten erst wieder auf den Felsvorsprüngen des rechten Ufers ihre Linie stabilisieren. Dieses erste Gefecht kostete Renos Abteilung ein Viertel ihrer Leute.

Inzwischen führte Custer, der von Renos Niederlage nichts ahnte, seine Truppe auf der rechten Flussseite an das nördliche Ende des auf der linken Seite liegenden indianischen Lagers. Wie berichtet wird, so versuchte zumindest ein Teil von Custers Kommando den Fluss im Norden des Lagers zu durchwaten. Sie scheiterten jedoch aufgrund des gut gezielten Feuers indianischer Scharfschützen, die sich in dem Gebüsch auf dem linken, westlichen Ufer versteckten.

Aber Custer und seine Abteilung konnten sich nun auch nicht mehr auf dem rechten Ufer eingraben, denn vom Indianerlager her stürzte in wildem Galopp und mit gellendem Kampfgeschrei eine große Truppe von Siouxkriegern unter ihrem Häuptling Gall auf sie zu.

Custer und seine Männer mussten sich auf die Uferhügel zurückziehen. Dort saßen sie ab und bildeten eine Gefechtslinie. Dies war eine oft eingeübte Taktik der Kavallerie, wobei jeweils drei Mann den Karabiner in Anschlag brachten und der vierte ihre vier Pferde dahinter am Zügel hielt. Natürlich verringerte dies die Feuerkraft der Truppe um ein Viertel, da derjenige, der die Pferde hielt, ja nicht schießen konnte. Am Little Bighorn wurde die Schusskraft der Truppe noch weiter geschwächt, denn als der Kampf heftiger wurde, sicherten sich viele der Kavalleristen ihre Beweglichkeit, indem sie selbst die Zügel ihres Pferdes ergriffen oder dessen Vorderbeine fesselten, sodass es zum Verharren gezwungen war.

Bald führten Crazy Horse und White Bull, ein Neffe Sitting Bulls und Unterführer der Sioux, den Entscheidungsangriff auf Custers Truppe an. Ihre Krieger stürmten durch die Mitte der über die Hügelkette nach Süden hin verteilten Leute Custers. An einigen Stellen brach unter den Soldaten die schiere Panik aus. Sie warfen ihre Waffen weg und versuchten, zu Pferd oder auch zu Fuß die Anhöhe zu erreichen, auf der Custer, einige Offiziere und etwa 40 Mann sich zu ihrem *„Last Stand"* postiert hatten, das heißt den letzten Widerstand zu leisten versuchten. Die Indianer ritten viele der Fliehenden nieder, schlugen ihnen mit ihren Kriegskeulen die Schädel ein oder erstachen sie mit ihren Lanzen.

Die Anhöhe selbst war zu klein, um den Überlebenden und Verwundeten genügend Platz zu bieten. Ständiges Gewehrfeuer der Indianer machte es Custers Leuten unmöglich, eine gute Verteidigungsstellung aufzubauen. Bald sahen sie, dass an ein Entrinnen nicht mehr zu denken war. Aber alle zeigten sich nichtsdestoweniger zu härtestem Widerstand entschlossen. Zwar löste sich jede Kampfesordnung auf, und es gab keine Ränge mehr, durch welche Befehle hätten geleitet werden können. Doch es bildeten sich einzelne Gruppen, die sich zu Igelpositionen formierten, bis sie dann ebenfalls niedergemacht wurden.

Sobald die Soldaten fielen, nahmen ihnen die Indianer die Feuerwaffen und die Munition ab. Dadurch wurde das Abwehrfeuer der Kavalleristen immer schwächer, während das

Feuer der Indianer an Stärke zunahm. Custer und die anderen Überlebenden auf der Anhöhe erschossen schließlich ihre Pferde und benutzten deren Kadaver als Schutzwälle. Doch es nützte ihnen nichts.

Schießend und ihre Keulen schwingend sprangen die Indianer über alle Hindernisse hinweg und machten auch ihre letzten Gegner nieder. Eine Schar von Kavalleristen, 28 Mann stark, versuchte noch, sich in einem Überraschungsausbruch direkt durch die Indianerlinien zum Fluss hinunter zu retten. Doch keiner kam lebend aus der kleinen Schlucht heraus. Der Tod dieser Männer bedeutete das Ende der Schlacht und die vollständige Vernichtung der fünf Kompanien unter Custers direktem Befehl.

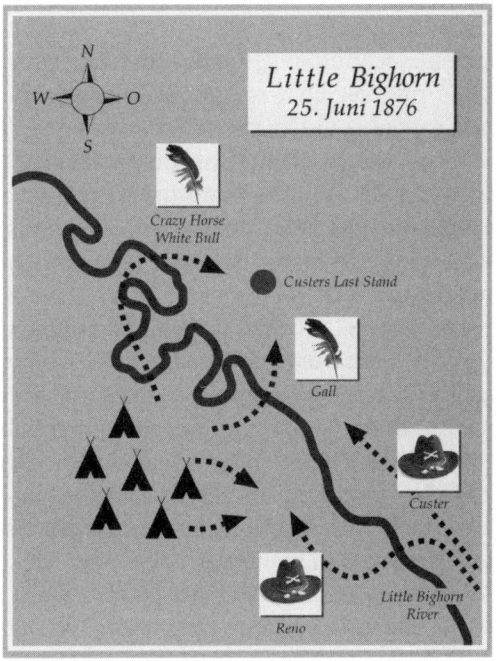

Little Bighorn
25. Juni 1876

Crazy Horse
White Bull

Custers Last Stand

Gall

Custer

Reno

Little Bighorn
River

Das Ende der Schlacht

Nachdem sie Custers Einheit vernichtet hatten, ordneten sich die Sioux und Cheyenne neu und zogen umgehend nach Süden, wo sie die Abteilungen Renos und Benteens umzingelten. Bald entwickelten sich auch hier heftige Kämpfe, bei denen elf Soldaten fielen. Das Schießen und gelegentliche Nahgefechte mit Keulen und Gewehrkolben, mit Lanzen und Messern endeten erst bei Einbruch der Dunkelheit, etwa um 21:00 Uhr. Während der Nacht warfen die Angegriffenen Gräben auf und zogen Kisten und tote Pferde als Schutzwälle vor dieselben. Im Morgengrauen griffen die Indianer vom Fluss her erneut an, konnten aber abgewehrt werden. Einige Soldatentrupps schafften es sogar, zum Fluss hinunterzustoßen, um Trinkwasser für ihre verwundeten Kameraden zu holen.

Am späten Nachmittag geschah etwas Unerwartetes. Von ihren Gräben und Verschanzungen aus sahen die Soldaten, wie dichte Gruppen von Indianerfamilien mit ihrer gesamten Habe und ihren Tieren auf der westlichen Flussseite das Tal aufwärts nach Süden zogen. Das Dorf hatte sich aufgelöst, nachdem bekannt geworden war, dass sich die amerikanische Hauptstreitmacht unter General Terry von Norden her dem Kampfgelände näherte.

Als Terrys Brigade auf dem Schlachtfeld ankam, fand sie die meisten der toten Soldaten Custers ihrer Uniformen und Waffen entledigt, die Köpfe skalpiert und die Leiber vielfach verstümmelt. Custers Körper war verschont geblieben, doch zeigte er zwei Kugellöcher, eines in der linken Schläfe und eines direkt über dem Herzen. Manche Leute sagten später, sie glaubten, dass Custer Selbstmord begangen habe. Doch da er Rechtshänder war, hielten es andere für sehr unglaubhaft, dass er sich in die linke Schläfe geschossen habe. Auch hatte nur die Brustwunde geblutet, nicht aber die in der Schläfe, was darauf hindeutet, dass die Schläfenwunde erst einige Zeit nach dem Tode zugefügt worden war. Während man die anderen toten Soldaten in Massengräbern zur letzten Ruhe legte, wurde Custer selbst mit allen militärischen Ehren auf dem Schlachtfeld beerdigt.

Ein Jahr später überführte man Custers Leichnam zur Militärakademie nach West Point im Staate New York und bestattete ihn dort. Das Schlachtfeld aber wurde noch 1879 zum Nationalfriedhof erklärt, und 1881 errichtete man über dem Massengrab einen weißen Obelisken, in den die Namen der gefallenen Soldaten eingemeißelt wurden. Im Jahre 2003 wurde noch eine große, drei berittene Indianer darstellende Drahtskulptur hinzugefügt, um auch der im Kampf gefallenen Sioux und Cheyenne zu gedenken.

Kämpfer, Waffen und Verluste

Custers Truppe bestand aus den etwa 650 Mann seines Kavallerieregimentes mit ihren Pferden, das in zwölf Kompanien eingeteilt war; hierzu kamen noch zwei Kompanien Infanterie und über 150 Packwagen mit den dazugehörigen Fuhrleuten und Maultiertreibern; außerdem begleiteten etwa 40 indianische Scouts die Truppe.

Die Stärke der indianischen Streitmacht ist schwer zu bestimmen. Es wird vermutet, dass etwa 1 800 Krieger an der Schlacht teilnahmen. (Das Indianerlager insgesamt, einschließlich der Frauen und Kinder, zählte vielleicht 7 000 Bewohner in rund 950 Zelten.) Die Soldaten sahen sich somit fast überall einem zahlenmäßig stärkeren Gegner gegenüber. Bei Custers letztem Gefecht auf der Anhöhe des *„Last Stand"* waren die indianischen Angreifer vermutlich etwa dreimal so zahlreich wie Custers Soldaten.

Custers Kavalleristen waren mit einschüssigen Karabinern der Marke Springfield, Modell 1873, Kaliber .45–70 ausgerüstet. Dieser Karabiner gestattete nur relativ langsame Feuergeschwindigkeit und neigte bei längerem Gebrauch zu Ladehemmungen, da sich die Kupferhülsen der Patronen in dem erhitzten Lauf ausdehnten und ihn blockierten. Die Hülsen mussten dann mühsam per Hand, gewöhnlich mit einem Messer, aus dem Lauf entfernt werden. Geschah dies nicht, war der Karabiner nur noch als Schlagkeule verwendbar.

Wie berichtet wird, setzte sich einer der Hauptleute in Renos Kontingent mitten im Gefecht, trotz schweren Beschusses, auf die Erde, nahm gehemmte Gewehre entgegen, entfernte die Patronenhülsen, lud die Gewehre neu und reichte sie seinen Soldaten im Tausch gegen andere gehemmte.

Diese Karabiner waren von der amerikanischen Waffenbeschaffungsbehörde bewusst ausgesucht worden. Sie galten nach vielen Versuchen auch unter extremen Wetterbedingungen als sehr zuverlässig. Einen Einzellader wählte man statt eines Repetiergewehrs, um den Munitionsverbrauch gering zu halten, da Nachschub bei den großen Entfernungen oft nur schwer zu beschaffen war. Auch hatte die Springfield eine größere Schussweite als konkurrierende Mehrlader. Sonst verfügten die Soldaten zu ihrer Verteidigung nur noch über einen Colt. Custer hatte die Säbel vor dem Ausrücken ablegen lassen, um zu vermeiden, dass deren metallisches Klappern die Indianer warnte.

Die Indianer ihrerseits waren etwa zur Hälfte nur mit Bogen und Pfeilen oder manchmal sogar nur mit steinbewehrten Keulen ausgerüstet. Pfeile waren unter Umständen durchaus wirksame Geschosse, besonders wenn es galt, Gegner hinter Barrikaden in einem hohen Bogen indirekt zu beschießen. Aber natürlich waren Feuerwaffen insgesamt erfolgsträchtiger. Daher besaßen nicht wenige Sioux und Cheyenne auch Gewehre, die sie bei Gelegenheit zuvor im Handel mit Siedlern erworben hatten. Darunter waren antiquierte Frontlader und veraltete Armeekarabiner, aber auch Repetiergewehre oder -stutzen der Marken Winchester, Spencer und Henry. Im

Gefecht nahmen die Indianer dann systematisch verwundeten oder toten Soldaten deren Waffen und Patronengürtel ab
und benutzten sie selbst. Auch in den Satteltaschen der Pferde fand sich viel Munition.

Das 7. Kavallerieregiment verlor die Hälfte seiner Stärke. 16 Offiziere und 242 Unteroffiziere und Gemeine fielen im Kampf
oder erlagen danach ihren Wunden; ein weiterer Offizier und
51 Soldaten wurden verwundet, überlebten aber. Indianische
Quellen berichten von nicht wenigen Fällen von Flucht und
Selbstmord von Soldaten. Diese wollten sich nicht von den
Indianern gefangen nehmen lassen, nachdem sie das Schicksal derer gesehen hatten, die lebendig in die Hände der Indianer gefallen waren. General Terrys Truppen entdeckten
ein einziges überlebendes Pferd; es hieß Comanche und war
von einem Hauptmann geritten worden.

Über die Verluste der Indianer herrscht Uneinigkeit. Die
Schätzungen liegen weit auseinander. Während indianische
Quellen, die nur die namentlich bekannten Toten aufführen,
von 36 Gefallenen ausgehen, vermuten andere Beobachter bis
zu 300 Getötete. Der Sioux-Häuptling Red Horse sagte einem
amerikanischen Obersten, dass 136 Indianer gefallen und 160
verwundet worden seien.

Nach Custers Niederlage

Durch den Ausgang des Gefechts hatte sich der Konflikt mit
den Indianern noch verschärft. Also setzte die Regierung in
Washington auf weiteren und nun verstärkten Truppenein-
satz. Das 7. Kavallerieregiment wurde mit anderen Offizieren
erneut gebildet; Rekruten wurden angeworben, mit denen
man die Mannschaftsränge auffüllte. Das Regiment blieb weiterhin Teil der von General Terry geführten Expedition. Diese
verband sich im August am Yellowstone River mit General
Crooks Truppe.

Die vereinte Streitmacht zählte nun fast 4 000 Mann. Sie verfolgte jene Sioux, die sich nach Nordosten zum Little Missouri River zurückgezogen hatten. Aber da es ständig regnete und man keinen Nachschub erhielt, löste sich die ganze Armee bald in ihre verschiedenen Einheiten auf, die dann unverrichteter Dinge zu ihren jeweiligen Stützpunkten zurückkehrten. Erst im nächsten Jahr begann die US-Armee mit neuen Feldzügen, die dann bald zur Niederlage der Sioux und Cheyenne führten. Die Black-Hills-Region wurde danach aus der Indianerreservation herausgetrennt. Aber die Sioux haben diese Verletzung des Vertrages von Fort Laramie nie anerkannt. Denn das Gras wächst noch immer.

Sitting Bull

Sitting Bull sagte den Sieg der Indianer in der Schlacht am Little Bighorn voraus. Er war der Oberhäuptling der kämpfenden Krieger, verkehrte mit der Welt der Geister, und in den Augen seiner Anhänger starb er als Märtyrer. Er ist der berühmteste aller Indianer.

Sitting Bull erhält seinen Namen

Geboren wurde Sitting Bull um das Jahr 1831. Ganz genau weiß man es nicht, denn die Indianer führten keine Geburtsregister. Seine Eltern gehörten zum Hunkpapa-Stamm, einem Unterstamm der Sioux, der damals im heutigen Staat South Dakota lebte. Zuerst gab man dem kleinen Jungen den Namen Hoka-Psice (Springender Dachs). Manche nannten ihn einige Jahre später auch Hunkesi (Langsam), weil er immer erst dachte, bevor er handelte. Aber er wurde bald ein ausgezeichneter Reiter und schoss mit seinem Bogen die Pfeile sicher ins Ziel.

Als Hunkesi 14 Jahre alt war, brachten ihm sein Mut und seine Reitkunst einen neuen Namen ein, den zuvor auch sein Vater getragen hatte. Er nahm an einem Ausritt teil, bei dem etwa 20 Krieger seines Stammes einer Gruppe von Crow-Indianern, mit denen sie verfeindet waren, einige Pferde wegnehmen wollten. Als die Crow in Sicht kamen, galoppierte er den älteren Kriegern voraus. Ein Crow-Indianer zielte einen Pfeil auf Hunkesi, doch der berührte den Schützen mit einem Zeremonienstock und galoppierte unverletzt davon. Diese Berührung galt als Mutprobe, und Hunkesi hatte sie glänzend bestanden. Ihm wurde hierfür, wie es üblich war, eine weiße Adlerfeder verliehen. Außerdem hieß er von da an Sitting Bull (Sitzender Büffel), während sein Vater sich fortan Jumping Bull (Springender Büffel) nannte.

Der Krieg bricht aus

Während der folgenden 20 Jahre änderte sich viel in der amerikanischen Welt, aber das Leben des jungen Sitting Bull wurde davon kaum berührt. In dieser Zeit wurden von Osten her Eisenbahnlinien bis an den Mississippi gebaut, und bald überquerten Brücken auch diesen mächtigen Strom. Mit der Eisenbahn kamen immer mehr weiße Siedler. Sobald sie das Ende der Eisenbahnstrecke erreicht hatten, wanderten viele zu Fuß auf den sogenannten *Trails* weiter nach Westen. Manche der Siedler zogen über die Berge bis nach Oregon oder Kalifornien weiter. Andere wollten sich aber schon vorher in der Prärie oder auch im Bergland niederlassen. Hier kam es dann häufig zu Konflikten mit den dort lebenden Indianern, die um ihre Jagdmöglichkeiten bangten.

Die Hunkpapa jedoch, zu denen Sitting Bull gehörte, lebten weiter nördlich. Wenn man dort Weiße traf, so waren es meistens Händler, bei denen man Felle gegen Töpfe, Wolldecken oder auch Jagdgewehre eintauschte. Krieg wurde vor allem gegen andere Indianer weiter im Westen geführt. Denn die Sioux befürchteten, dass sie bald von den aus dem Osten kommenden Weißen bedrängt werden würden, und sie wollten deshalb die Jagdgründe weiter im Westen nutzen. Die dort lebenden Indianer waren keine Sioux und wehrten sich gegen ein Eindringen in ihr Territorium.

Aber Anfang der 1860er Jahre kam es für Sitting Bull und seine Sioux dann doch zu ersten Gefechten mit den Weißen. Weil immer mehr Siedler erschienen, wehrten sich die Indianer weiter im Süden immer heftiger. Daraufhin entsandte die Regierung starke Militärabteilungen, um die Indianer zu bekämpfen. Deshalb beteiligten sich auch die Hunkpapa an den Kämpfen, wenn auch nicht immer erfolgreich.

Zum Beispiel griffen die Hunkpapa im September 1864 unter der Führung Sitting Bulls einen langen Wagenzug an, mit dem Siedler nach Westen unterwegs waren. Dem Zug war eine Kavalleriepatrouille zum Schutz mitgegeben worden. Als die Indianer Keulen schwingend unter lautem Kriegsgeheul auf die Wagen zugaloppierten, mussten sie sich gegen die Kavalleristen wehren. Diese ritten ihnen mit gezogenen Säbeln entgegen und hieben auf sie ein. Die Siedler hatten Frauen und Kinder in den Planwagen versteckt, während die Männer hinter den Wagen in Deckung gingen und von dort aus schossen. Die Indianer erlitten große Verluste, gaben zunächst ihre Attacke auf und zogen sich vorerst zurück.

Sitting Bull selbst war bei dem Gefecht durch Schüsse in den Rücken und in die Hüfte verletzt worden. Seine Wunden heilten wieder, aber er hinkte von da an immer leicht. Trotzdem setzten er und seine Hunkpapa in den nächsten Jahren ihre Angriffe auf durchziehende Siedler und kleinere Militärabteilungen fort. Die Indianer in Sitting Bulls Stamm sorgten sich darüber, bald nicht mehr genügend Land für ihre Jagd zu haben und hofften, die Weißen dazu bringen zu können, sich aus dem Indianerland fernzuhalten.

Andere Stämme der Sioux aber, die weiter im Süden jagten, waren des vielen Kämpfens müde. Als ihnen die amerikanische Regierung ein Friedensangebot machte, nahmen sie es an. In Fort Laramie im späteren Staat Wyoming wurde im Jahre 1868 ein Vertrag geschlossen, der den unterzeichnenden Indianern eine große Reservation weiter nördlich im heutigen Staat South Dakota zusicherte. Die Indianer sollten das Gebiet allein besitzen und verpflichteten sich umgekehrt, künftig von Angriffen auf die Weißen abzusehen.

Sitting Bull und auch andere Stämme waren jedoch mit dem Vertrag nicht einverstanden. Sie glaubten, dass die Weißen ihre Versprechen nicht halten würden, und blieben außerhalb der Reservation. Nun mussten sie gegen das Militär, das sie in die Reservation führen wollte, Widerstand leisten. Deshalb taten sie etwas ganz Ungewöhnliches. Sie wählten einen der Ihren zum Oberhäuptling. Einen solchen hatte es noch nie zuvor gegeben. Aber wegen der jetzt drohenden großen Gefahr glaubten die Sioux-Stämme, die den Vertrag nicht unterschrieben hatten, dass nur ein Oberhäuptling die Verteidigung für alle organisieren könne.

Sitting Bull wird Oberhäuptling

Für diese Aufgabe bestimmten sie Sitting Bull. Er war der Einzige, dem man in allen Stämmen den nötigen Respekt entgegenbrachte. Das sahen auch andere Häuptlinge wie Crazy Horse oder Gall ein. Sitting Bull war nicht nur seit seiner Jugend dafür bekannt, außerordentlich mutig und kampfgewandt zu sein. Er hatte außerdem im Laufe der Zeit auch das Ansehen eines heiligen Mannes erworben. Zum einen war er in verschiedene Männerbünde aufgenommen worden, die in der indianischen Religion eine wichtige Rolle spielten, wie zum Beispiel den Büffelbund und den Donnervogelbund. Die Mitglieder dieser Bünde versuchten, von Büffeln oder von Donnervögeln zu träumen und hofften, damit Büffelherden oder Gewitterregen herbeizurufen.

Sitting Bull besaß obendrein noch die Gabe, sich tief in die Natur zu versenken. Er setzte sich manchmal abseits der Zelte des Hunkpapa-Lagers an einen Bach oder auf einen Hügel. In Tierlauten, im Rascheln der vom Wind bewegten Blätter oder im Raunen eines Baches vernahm er die Stimme eines göttlichen Geistes. Dadurch erwarb er bei seinen Stammesgenossen den Ruf, mit überirdischen Kräften in Beziehung zu stehen.

Und nicht zuletzt hielt Sitting Bull die alten Traditionen der Indianer in hohen Ehren. Die Stämme lebten von alters her in enger Beziehung zur Natur, und diejenigen, die sich mit den Weißen einließen oder in einer Reservation lebten, verloren den Bezug zu der alten Lebensweise. Sitting Bull glaubte, dass die Indianer dadurch ihr eigenes Wesen verlieren würden, und weigerte sich deshalb, Verträge mit den Weißen zu schließen.

Deshalb wählten die Stämme, die den Reservationsvertrag nicht unterschrieben hatten, Sitting Bull zum Oberhäuptling. Weil er überaus mutig war, weil man glaubte, er könne die Hilfe der Geister gewinnen, und weil er die Weißen immer bekämpft hatte, hofften diese Sioux, er könne ihre Rettung sein.

In den nächsten Jahren geschah noch nicht viel Außerordentliches. Wenn weiße Siedlungswillige durch das Sioux-Gebiet zogen, wurden sie manchmal von Kriegern aus Sitting Bulls eigenem Hunkpapa-Stamm oder auch von anderen Sioux überfallen. Anfang der 1870er Jahre wollte eine Eisenbahngesellschaft, die *Northern Pacific Railway*, eine Bahnlinie durch das Gebiet legen, in dem die Hunkpapa jagten. Zuerst kamen Landvermesser, die in dem Gebiet eine geeignete Strecke finden sollten. Als sie von den Indianern vertrieben wurden, kamen sie im nächsten und dann im übernächsten Jahr wieder, jedes Mal begleitet von amerikanischen Soldaten. Aber auch sie wurden von den Sioux verjagt. Als kurze Zeit später der Gesellschaft wegen einer Wirtschaftskrise das Geld ausging, löste sich das Problem von selbst.

Gold und ein Traum

Weil es immer wieder Überfälle durch die Sioux gegeben hatte, sandte die amerikanische Regierung 1874 eine Militärexpedition, die einen Platz für ein Fort suchen sollte. Sie fand eine geeignete Stelle. Doch diese befand sich in den Black Hills, die zum Gebiet der Sioux-Reservation gehörten und damit eigentlich den Weißen verschlossen waren. Die Expedition fand außerdem Anzeichen dafür, dass es hier Goldvorkommen gab.

Auf die Nachricht von den Goldfunden hin strömten viele weiße Glückssucher in die Black Hills. Die Indianer in der

Reservation machten sich nun große Sorgen, dass sie ihr Land verlieren würden, und diejenigen, die wie Sitting Bull außerhalb der Reservation lebten, befürchteten den Verlust ihrer Jagdgründe. Sie kamen deshalb überein, sich gemeinsam zur Wehr zu setzen. Im Frühjahr 1876 wuchs die Gefahr. Die Sioux erfuhren durch Späher und die Berichte fremder Indianer, dass von Osten und Süden her Tausende von Soldaten im Anmarsch waren. Im Sioux-Lager, zu dem auch noch Cheyenne-Indianer gestoßen waren, erwartete man jetzt mit einigem Bangen die kommende Auseinandersetzung.

Sitting Bull hatte nicht die Absicht, selbst zu kämpfen, denn ihm als heiligem Mann kam vielmehr die Aufgabe zu, seine Leute mit Mut und Zuversicht zu erfüllen. Er beschloss, einen Sonnentanz abhalten zu lassen. Das war eine Kulthandlung, durch welche die Indianer die Hilfe des Großen Geistes erflehen wollten.

Mitte Juni kamen die Mitglieder seines Stammes auf einem zentralen Platz ihres Lagers zusammen. Schon am Vortag hatten jüngere Krieger einen jungen Baumstamm herbeigebracht und dort aufgestellt. Die Medizinmänner des Stammes bemalten Sitting Bulls Hände rot, also mit der Farbe des Blutes, und seine Schultern blau wie die Farbe des Himmels. Er ging zu dem Baum, setzte sich darunter und begann in langgezogenen Tönen Gebete zu singen. Nach einiger Zeit näherte sich Sitting Bull ein Indianer, der ihm mit einem scharfen Messer den rechten und dann den linken Arm ritzte, sodass etwas Blut floss. Daraufhin trat Sitting Bull unter dem Baum hervor, hob die Arme zur Sonne empor und begann zu tanzen; dabei drehte er sich langsam und sang halblaut. Andere Tänzer kamen hinzu, und sie tanzten, bis es dunkel wurde und dann die Nacht hindurch. Sitting Bull verlor endlich das Bewusstsein und fiel nieder.

Der Sonnenschein des nächsten Tages weckte ihn. Da erhob er seine Stimme und sprach, während alle lauschten, von einem Traum, den er gehabt hatte, einer Vision, welche ihm die Zukunft gezeigt habe. Soldaten der Armee des weißen Mannes seien tot vom Himmel gefallen, sagte er, und dies bedeute, dass die Indianer in der kommenden Schlacht siegen würden.

Die Schlacht, auf die sich sein Traum bezog, fand mehrere Tage später am Little Bighorn River statt. Und wie Sitting Bull vorausgesagt hatte, errangen die Indianer einen großen Sieg. Von da an zweifelte kein Indianer mehr an den übernatürlichen Kräften Sitting Bulls.

Nach Kanada und zurück

Die Sioux konnten ihren Erfolg nicht lange feiern, denn nun sandte die amerikanische Regierung erneut Tausende von Soldaten, um die erlittene Niederlage wieder wettzumachen. Das Militär spürte die einzelnen Stämme nacheinander auf und zwang diejenigen, die den Vertrag von 1868 noch nicht unterzeichnet hatten, zur Unterschrift und zur Übersiedlung in die Reservation.

Sitting Bull aber weigerte sich immer noch, klein beizugeben. Im Mai 1877 führte er seinen Stamm nach Norden und über die Grenze nach Kanada. Die kanadische Regierung duldete dies, aber sie gewährte den Indianern keine Unterstützung mit Lebensmitteln, Zelten oder Decken. Die Sioux konnten einige Jahre lang von den dort grasenden Bisons leben. Aber als das Gebiet leergejagt war, begann der Hunger. Und die Winter in Kanada waren bitter kalt. Nicht wenige der Sioux starben wegen der Entbehrungen.

Als die amerikanische Regierung Sitting Bull zum wiederholten Male die Rückkehr anbot, falls die Indianer sich in der Reservation ansiedelten, nahm er schließlich an. Nun nur noch knapp 200 Menschen, zogen sie nach Süden zurück in die Vereinigten Staaten. Als sie Mitte Juli 1881 bei Fort Buford im heutigen Staat North Dakota eintrafen, übergab Sitting Bull seinem jungen Sohn Crow Foot seine Büchse und schickte ihn vor, um sie dem kommandierenden Offizier auszuhändigen. Dabei sagte Sitting Bull: „Ich möchte als der Mann in Erinnerung bleiben, der als letzter des Stammes seine Büchse hergab."

Das amerikanische Militär ließ Sitting Bulls Stamm aus Furcht, dass er die anderen Stämme dort zum Widerstand aufstacheln würde, nicht in North Dakota bleiben. So wurden sie mit dem Dampfboot einige Hundert Kilometer weit den Missouri hinunter transportiert. Weil sie friedlich blieben, durften sie nach zwei Jahren wieder nach North Dakota zurückkehren, wo sie Landwirtschaft betreiben mussten.

Sitting Bull selbst durfte im Jahre 1885 die Reservation verlassen, um an *Buffalo Bill's Wild West Show* mitzuwirken. Dabei musste der Häuptling in jeder Vorstellung einmal rund um die Arena reiten und bekam dafür 50 Dollar in der Woche. Das war damals weit mehr, als ein Arbeiter verdiente. Viel von seinem Geld schickte er zu seinem Stamm in die Reservation. Während seines Ritts rief er oft laute Worte oder Sätze in der Siouxsprache in die Menge. Die Zuschauer glaubten, er tue damit seine Begeisterung kund, aber diejenigen, welche die Sprache der Indianer verstanden, wussten, dass er stattdessen Schimpfworte und Flüche ausstieß. Er hielt es in der Welt des weißen Mannes nur etwa vier Monate lang aus und kehrte danach wieder zu seinem Stamm zurück.

Der Geist-Tanz und das Ende

Während dieser Zeit dehnten sich die Siedlungen der Weißen immer weiter aus, und das Lebensgebiet der Indianer wurde dadurch immer kleiner. Die Regierung beschnitt oft die Flächen der Reservationen und genehmigte auch den Bau von Eisenbahnen durch sie hindurch. So kam es schließlich zu einem letzten großen Versuch der Indianer, ihre alte Lebensart zu retten, nämlich der Geist-Tanz-Bewegung im Jahre 1890. Über diese wird in diesem Buch in dem Kapitel über das Massaker am Wounded Knee näher berichtet.

Manche Indianer hofften, die Weißen durch den Geist-Tanz vertreiben zu können. In der amerikanischen Regierung aber fürchtete man, dass es sich dabei um einen Kriegstanz handeln würde, aus dem ein Indianeraufstand entstehen könnte. Auch bei den Sioux im Stamm Sitting Bulls gab es Anhänger der Geist-Tanz-Bewegung. Der für die Reservation zuständige Regierungsagent hielt es daher für das Beste, Sitting Bull wegzubringen, damit er keine Rebellion mehr anführen konnte.

Mitte Dezember 1890 kamen Polizisten in die Reservation, um Sitting Bull zu verhaften. Um halb sechs Uhr morgens umzingelten sie sein Haus, klopften an die Tür und traten ein. Sitting Bull wachte gerade auf. Der Polizeileutnant sagte ihm, dass er unter Arrest stehe und draußen auf ein Polizeipferd steigen solle. Als Sitting Bull sich weigerte, schoben ihn die Polizisten zu dem Pferd. Inzwischen waren aber eine Menge Indianer hinzugekommen, die Sitting Bull helfen wollten. Einer von ihnen hatte auch eine Büchse dabei. Er legte an und schoss auf den Leutnant, woraufhin dieser ebenfalls seinen Revolver zog, und eine wilde Schießerei begann. Sitting Bull erhielt eine Kugel in den Kopf, und noch weitere sieben Indianer fielen den Schüssen zum Opfer. Auch sechs Polizisten starben sofort, zwei weitere erlagen wenig später ihren Wunden.

Als das Schießen losging, ereignete sich noch etwas Tragikomisches. Ein Zirkuspferd, das Sitting Bull am Ende seiner Zeit in Bill Codys Wild West Show geschenkt bekommen hatte, erkannte in dem Geknalle das Signal für seine Nummer. Es setzte sich auf seine Hinterschenkel und bot wie gewohnt einen Vorderhuf zum Händeschütteln an. Aber niemandem war zum Lachen zumute.

Sitting Bulls Leichnam wurde zur Beerdigung in das nahe gelegene Fort Yates gebracht. 1953, gut 50 Jahre später, bettete man seine Überreste nach Mobridge in South Dakota um, wo ihm ein Denkmal gesetzt wurde. Manche Leute glauben allerdings, dass die ausgegrabenen Gebeine nicht diejenigen Sitting Bulls waren.

Sitting Bull jedenfalls lebt in der Erinnerung der Indianer weiter als ein furchtloser Krieger und mitreißender Führer, aber auch als ein aufmerksamer, selbstloser Stammesbruder und begabter Sänger, dessen Hingabe an die alten Traditionen ihm prophetischen Weitblick und seinen Gebeten eine kraftvolle Wirkung verlieh.

Bury My Heart at Wounded Knee

Am Wounded Knee, einem kleinen Fluss im Staat South Dakota, bekämpften sich die Indianer und die amerikanischen Truppen ein letztes Mal. Es ist üblich geworden, vom Massaker zu sprechen, das die Kavallerie am Wounded Knee anrichtete.

Ende der 1880er Jahre braute sich in der westlichen Prärie Streit zusammen, und hierbei spielte der Geist-Tanz eine große Rolle. Die einst so stolzen Sioux sahen ihr traditionelles Leben zerstört. Der Bison war verschwunden. Sie selbst waren auf Reservationen beschränkt, und da sie sich nun nicht mehr allein ernähren konnten, waren sie auf Lebensmittelgaben der amerikanischen Regierung angewiesen. Diese wurden in bescheidenen Rationen von Agenten der Regierung an die Indianer verteilt.

Befreiung durch den Geist-Tanz?

Im Jahre 1890 sahen die Sioux unerwarteterweise noch einmal einen Weg, die alten glorreichen Zeiten wieder aufleben zu lassen. Weit entfernt, im Staat Nevada, gab es einen indianischen Medizinmann vom Stamme der Paiute, der den Indianern eine Verbesserung ihres Schicksals verhieß. Sein Name war Wovoka, und er war während einer Sonnenfinsternis in einen tiefen Schlaf gefallen. Als er aufwachte, erzählte er, dass er in die *Spirit World*, die Welt der hohen Geister, geführt worden sei und Offenbarungen großer zukünftiger Ereignisse erhalten habe.

Abgesandte der im Staat South Dakota lebenden Sioux reisten nach Nevada, um Wovokas Worte zu hören. Er nannte sich selbst den Messias und prophezeite, dass neuer Erdboden auf das Land fallen und die Weißen darunter begraben werde. Die Toten der Indianer würden zurückkehren und zusammen mit den Lebenden auf ihre alte Weise jagen. Wild in üppiger Zahl würde die Prärien und die Berge beleben, und die Bisons würden millionenfach wiederkehren.

Der neue Glaube untersagte das Kämpfen und das Führen von Kriegen, das Stehlen, das Lügen und alle Grausamkeit. Im Mittelpunkt der neuen Religion stand der sogenannte Geist-Tanz, den Wovoka in der *Spirit World* kennengelernt hatte. Bei diesem Tanz bewegten sich die Teilnehmenden, bemalt mit heiliger roter Farbe, gegen den Uhrzeigersinn in einem Kreis, erst langsam, dann schneller werdend, und beschworen singend die Wiederkehr der alten indianischen Lebensweise. Nicht wenige der Tanzenden fielen dabei in Trance, in einen träumerischen Dämmerzustand. Wenn sie davon erwachten, erzählten sie, dass sie verstorbene Verwandte und große, durch die Prärie wandernde Bisonherden gesehen hätten.

Während des Herbstes 1890 breitete sich der neue Glaube und mit ihm der *Ghost Dance* in den Sioux-Dörfern der Dakota-Reservationen aus. Die Sioux bekleideten sich für diesen Tanz mit lockeren farbigen Hemden, die sie mit Federn schmückten und auch mit Bildern von Adlern und Büffeln. Wenn sie von Weißen nach dem Grund hierfür gefragt wurden, sagten die Indianer, dass solch ein Hemd heilig sei und den Träger vor Gewehrkugeln und Granatsplittern schützen würde.

Ein Aufstand droht

Diese Antwort beunruhigte die Weißen, und sie befürchteten einen neuen Aufstand der Indianer. Einer der von der amerikanischen Regierung für die Indianer eingesetzten Agenten berichtete nach Washington: „Viele unserer besten Indianer sind wie benommen von dem Tanz und erscheinen unentschieden, was sie tun sollen." Der Agent glaubte außerdem, dass die *Ghost-Dance*-Begeisterung der Sioux durch den Häuptling Sitting Bull geschürt würde. Dieser wolle, wie der Agent schrieb, die Sioux aufstacheln und sie dann in einen Kampf gegen die Regierung führen, „um sich selbst wieder die Führung des Volkes zu sichern", die er wegen seines Aufenthalts in Kanada verloren habe.

In Washington gab man daraufhin der Armee die Anweisung, sich auf einen kommenden Angriff vorzubereiten. Und so begann die Kavallerie, wieder ins Indianerland zu reiten. Das plötzliche Erscheinen der Truppen versetzte die Indianer erst recht in große Aufregung. Misstrauische Stammesgruppen begannen, ein Massaker durch die Weißen zu fürchten. Die Soldaten ihrerseits waren sich sicher, dass die Indianer eine Revolte vorbereiteten. Deshalb wurde eine Heeresabteilung in die Reservation Sitting Bulls gesandt, um ihn festzunehmen. Wie an anderer Stelle in diesem Buch berichtet wird, endete diese Unternehmung dann mit dem Tod des Häuptlings.

Auf die Nachricht vom Tode Sitting Bulls hin verließ eine andere Stammesgruppe unter der Führung ihres kranken Häuptlings Big Foot die Nachbarschaft der Agentur, von der sie

bisher Lebensmittel erhalten hatte. Aus Furcht vor den Soldaten zog sie in Richtung der Bad Lands in der Hoffnung, dort
dann ungestört leben zu können. Aber die Indianer wurden
von einem Kavallerietrupp eingeholt. Dieser führte sie am
28. Dezember an das Ufer eines Baches, des Wounded Knee
Creek. Dort mussten die Indianer ihr Lager aufschlagen. Die
Truppen bezogen Positionen um das Lager herum. Sie wurden bald noch durch die Ankunft weiterer Kavallerie unter
dem Kommando von Oberst James Forsyth verstärkt. Damit
wuchs die Zahl der Soldaten auf 470 an. Big Foot war an
Lungenentzündung erkrankt, und Oberst Forsyth, der eigentlich nicht kämpfen, sondern nur die Aufstandsgefahr beseitigen wollte, versorgte ihn mit einem Heiz- und Kochofen.

Das Massaker am Wounded Knee

Am nächsten Morgen begann Forsyth damit, die Indianer zu
entwaffnen. Um sie einzuschüchtern, waren die Truppen auf
allen vier Seiten des Lagers aufgestellt worden; vier Schnell-
feuergeschütze, sogenannte Hotchkiss-Kanonen, standen auf
niedrigen Anhöhen, von wo aus man das Lager ganz überbli-
cken konnte. Etwa um 8:00 Uhr kamen die Krieger aus ihren
Tipis und setzten sich in einem Halbkreis nieder. Häuptling
Big Foot, vom Fieber geschüttelt, saß zwischen ihnen. Er wollte mit den Armeeoffizieren verhandeln, doch Oberst Forsyth
beabsichtigte keine lange Unterredung. Er befahl, dass die
Indianer, immer 20 auf einmal, zu ihren Wohnzelten zurückkehren und ihre Gewehre herbeibringen sollten. Die ersten
20 gingen daraufhin gehorsam zu den Tipis zurück. Nach einiger Zeit kamen sie wieder, brachten aber nur zwei Waffen
mit.

Nun rückte eine Reihe Soldaten bis auf zehn Meter an die
Krieger heran. Andere wurden auf Waffensuche in die Tipis
geschickt. Sie gingen dabei sehr rücksichtslos vor, und als
sie die Bettdecken durcheinanderwarfen und die Sachen der

Indianer durchwühlten, protestierten die Frauen mit lautem Geschrei.

Außen, wo die Indianer saßen, stieg die Spannung ins beinahe Unerträgliche. Da begann ein Medizinmann namens Yellow Bird, auf einer Adlerknochenpfeife schrille Töne zu blasen. Er meinte dies offenbar als ein Signal für die Krieger, Widerstand zu leisten. Als die Soldaten daraufhin begannen, die Krieger selbst nach Waffen zu durchsuchen, brach der Konflikt offen aus. Ein junger Indianer zog ein Gewehr unter seinem Gewand hervor und schoss wild um sich.

Sofort antworteten die Soldaten mit einer Salve aus kürzester Entfernung, die fast die Hälfte der Krieger zu Boden streckte. Die anderen Krieger zogen Waffen hervor, die sie bis jetzt versteckt gehalten hatten, und schossen zurück. Die Soldaten feuerten ihrerseits nun Salve auf Salve. Dann begannen die Hotchkiss-Kanonen von ihren Anhöhen her, das Lager zu beschießen, wo die Frauen und Kinder aus den Tipis herausgekommen waren. Bald brannten viele der Zelte, aufgerissen von den explodierenden Granaten. Eine stolpernde Menge von Frauen und Kindern und einigen wenigen Männern suchte Zuflucht in einer Schlucht, doch die meisten wurden dort in vernichtendem Kreuzfeuer niedergestreckt. Häuptling Big Foot starb, als er versuchte, sich von seinem Krankenlager zu erheben. Einige wenige vermochten eine kurze Strecke zurückzulegen, bevor sie dann ihren Wunden erlagen.

Als das Schießen endete, und sich der Rauch verzog, waren etwa 180 Sioux tot. Von den Soldaten hatten 25 ihr Leben verloren, manche wohl durch das Feuer ihrer eigenen Hotchkiss-Kanonen. Die übrigen Soldaten begannen damit, die Toten zu beerdigen. Da verdunkelte sich plötzlich der Himmel. Ein wilder Schneesturm brach los, der die Bergung der Gefallenen unmöglich machte. Erst einige Tage später konnte die traurige Arbeit vollendet werden. Die Toten wurden zusammen in eine große Grube geworfen. Es heißt, dass vier Babys noch lebend entdeckt wurden, in die Schals ihrer toten Mütter gewickelt. Die meisten anderen Kinder waren tot.

Im Jahre 1903 errichteten Verwandte der beigesetzten Indianer ein Denkmal auf dem Grab. Dann geriet das Geschehen für lange Zeit in Vergessenheit. Jahrzehnte später aber begannen sich viele Leute für die vergangene Indianerkultur zu interessieren und für die Ereignisse, die zu ihrem Untergang geführt hatten. Berichte darüber erschienen, darunter 1970 das Buch des Schriftstellers Dee Brown, *Bury My Heart at Wounded Knee,* das auch bald ins Deutsche übersetzt wurde *(Begrabt mein Herz an der Biegung des Flusses)*.

Im Februar 1973 kam es am Wounded Knee Creek noch einmal zu einer heftigen Auseinandersetzung. Nachkommen der Sioux protestierten dagegen, dass die Indianer immer noch ohne ausreichende Entschädigung für den Verlust ihrer alten Lebensweise waren. Sie besetzten das Dorf Wounded Knee und hielten es sieben Wochen lang in ihrer Gewalt. Polizeikräfte wurden eingesetzt, und es gab zwei Tote, bis sich die Sioux schließlich im folgenden Mai der Polizei ergaben. Erreicht hatten sie unmittelbar nichts, aber die Welt war erneut auf das Unrecht aufmerksam geworden, das die Indianer vor über acht Jahrzehnten erfahren hatten.

Geronimo

16 Apachenkrieger gegen 5 000 Soldaten

Der bekannteste unter den Kriegern der Apachen war Geronimo. Die Sioux und die Cheyenne und die meisten der anderen Stämme, von denen in diesem Buch berichtet wird, lebten in nördlichen Regionen der Vereinigten Staaten. Aber es gab überall Indianer. Im Süden gehörten die Krieger der Apachen zu den berühmtesten und berüchtigtsten Kämpfern unter all den indianischen Stämmen, die sich gegen die Ausbreitung der Weißen in ihrem Land wehrten.

Geronimo widersetzte sich der amerikanischen Regierung über 25 Jahre lang. Seine Stammesgruppe bestand am Schluss nur noch aus 16 Kriegern, dazu 14 Frauen und sechs Kindern. Das Militär hatte ihn mit 5 000 Mann verfolgt, einem Viertel des gesamten amerikanischen Heeres, und hatte über eine Million Dollar pro Jahr ausgegeben, um ihn festzunehmen. Und doch wurden Geronimos Apachen nie besiegt, sondern ergaben sich freiwillig. Als sie schließlich gefangen genommen wurden, bedeutete dies das Ende der Indianerkriege im amerikanischen Süden.

Aus Goyakla wird Geronimo

Geronimo wurde schon zu seinen Lebzeiten zu einer legendären Gestalt. Die weißen Siedler auf beiden Seiten der mexikanisch-amerikanischen Grenze hielten ihn für einen kaltblütigen Killer. Aber wie so vieles haben auch Geronimos Taten zwei Seiten. Wie andere Indianer in Amerika auch, war Geronimo der Überzeugung, dass er sich im Krieg befände und dass seine Aktionen daher gerechtfertigt seien. Und ohnehin galten bei den Stämmen im amerikanischen Süden Angriffe auf andere Stämme oder auch Rache- und Beutezüge als durchaus ehrenhaft.

Geronimos Stamm gehörte zu jenen Indianern, die nomadisch lebten; sie zogen zumeist auf der Suche nach jagdbarem Wild umher, und nur in den Sommermonaten ließen sie sich gelegentlich nieder und betrieben etwas Ackerbau. Wenn sie nicht genügend erbeuteten, überfielen sie auch andere Stämme und beraubten diese. Das Wort „Apache" heißt sogar „Feind" in der Sprache der Zuni, eines in der dortigen Gegend lebenden indianischen Volkes. Die Apachen waren ein sehr kriegerischer Stamm, und daher verwundert es nicht, dass sie sich zu einem harten Kampf entschlossen, als viele von ihnen sowohl in Mexiko als auch auf amerikanischem Gebiet von Weißen umgebracht wurden.

Geronimo wurde 1829 in einer Gegend geboren, die damals zu Mexiko gehörte, aber zwei Jahrzehnte später an die Vereinigten Staaten fiel. Sie liegt im heutigen Staat New Mexico. Seine Eltern nannten ihn Goyakla, „Einer der gähnt". Aber nachdem er als junger Mann mit Weißen in Berührung kam, nannte man ihn bald allgemein „Geronimo". Weil Goyakla furchtlos und angriffslustig war, wählte ihn einmal ein Trupp Krieger seines Stammes zum Anführer, als sie aus dem Hinterhalt eine Attacke auf mexikanische Soldaten reiten wollten. Als sie auf ihren Pferden aus dem trockenen Gestrüpp hervorpreschten, begannen die Mexikaner zu schießen. Aber Goyakla ritt vorneweg und schoss mit seinem Bogen auf sie. Als er alle seine Pfeile verschossen hatte, ergriff er seinen Speer und trieb sein Pferd immer weiter nach vorn, mit wilden Schreien die anderen Krieger ebenfalls anspornend. Die Soldaten fürchteten den Nahkampf und begannen verzweifelt, „Geronimo, Geronimo" zu rufen, offenbar in dem Glauben, dass der heilige Hieronymus (auf Spanisch Jeromino oder Geronimo) ihnen helfen könne. Aber die Soldaten mussten dann doch vor dem Ansturm der Apachen Hals über Kopf die Flucht ergreifen. Die Apachen jedoch, und dann bald auch die Weißen, nannten ihren Anführer von da an Geronimo.

Geronimo war nicht der Häuptling der Apachen. Dieses Amt hatte sein Schwager Juh inne. Aber da Juh wegen eines Sprachfehlers nicht fließend sprechen konnte, trat Geronimo meistens für ihn auf. Auch führte er für seinen Schwager Verhandlungen mit anderen Stämmen oder den Weißen. Und da Geronimo ohnehin bei Gefechten meistens in vorderster Linie kämpfte, respektierte man ihn als Anführer.

Eine der wichtigen Rollen Geronimos war außerdem die eines Medizinmannes. Er hatte oft Visionen, in denen er zukünftige Ereignisse voraussah und auf deren Grundlage er seinen Stamm beriet. Und da er das, was er im Geiste gesehen hatte, mit großer Überzeugungskraft vortrug, folgte sein Stamm willig seinen Vorschlägen, und die anderen Stammesältesten respektierten seine Autorität. Manche Indianer schrieben Geronimo sogar übernatürliche Kräfte zu. So hieß es, er könne schreiten, ohne Spuren zu hinterlassen, oder er könne die Gedanken anderer Menschen lesen und Gegenstände bewegen, ohne sie zu berühren. Manche erzählten sogar, dass er kugelsicher sei und kein Schuss ihn töten könne. Das entsprach zwar nicht ganz der Wahrheit, aber es zeigt, welcher Hochschätzung sich Geronimo erfreute. Sicher ist jedenfalls, dass er oftmals durch Gewehr- und Pistolenkugeln getroffen und durch Messerstiche verwundet wurde, aber jedes Mal überlebte. Und sicher ist auch, dass sich vor einem Kampf viele der Apachenkrieger von ihm persönlich das Gesicht bemalen ließen in der Hoffnung, dass sich so seine Tapferkeit auch auf sie übertragen würde.

Geronimo nimmt den Kampf auf

Im Jahre 1858 ereignete sich etwas, was Geronimos Leben für immer veränderte. Während er mit anderen Stammesmitgliedern weggeritten war, um bei einem mexikanischen Handelsposten Waren einzutauschen, überfielen 400 mexikanische

Soldaten das Indianerlager, in dem die Frauen und Kinder auf die Rückkehr der Männer warteten. Unter den Toten waren Geronimos alte Mutter, seine junge Frau und seine drei kleinen Kinder. Als Geronimo zurück ins Lager kam und erfuhr, was die Mexikaner angerichtet hatten, war er zutiefst erschüttert. Er verbrannte den gesamten Besitz seiner Familie, die Kleider und den Schmuck seiner Frau, die Spielzeuge seiner Kinder, sogar das Tipi, in dem seine Familie gewohnt hatte. Von diesem Tag an hasste er die Mexikaner noch mehr als früher. Denn er war der Ansicht, dass seine Familie ohne guten Grund umgebracht worden war. Er schwor, dass er so viele Mexikaner bestrafen würde, wie er nur konnte. Obwohl er später wieder heiratete und weitere Kinder bekam, bestimmte der Verlust seiner ersten Familie von da an sein ganzes Leben.

Während der folgenden Jahre wuchs Geronimos Ruf als Krieger. Natürlich wurden er und seine Apachen nach ihren Überfällen oft vom weißen Militär verfolgt, aber für gewöhnlich entkamen sie. Einmal versteckten sie sich auf der Flucht in den Robledo-Bergen in New Mexico in einer Höhle. Die amerikanischen Soldaten warteten vor dem Höhleneingang in der Gewissheit, dass Durst und Hunger Geronimo und seine Krieger bald wieder heraustreiben würden. Aber die Apachen ließen sich tagelang nicht blicken. Nach fast einer Woche hörten die Amerikaner dann, dass Geronimo einen Tagesritt entfernt gesichtet worden war. Offenbar gab es noch einen zweiten Ausgang aus der Höhle, durch den die Apachen entkommen waren. Diesen anderen Ausgang hat man bis heute noch nicht gefunden.

In den 1870er Jahren beschloss die amerikanische Regierung, die Indianer nicht mehr frei durch ihre alten Lebensräume schweifen zu lassen. Sie mussten nun endgültig weißen Siedlern Platz machen. Den Indianern wurden bestimmte Gebiete zugewiesen, wo sie Landwirtschaft treiben sollten. So wurde im April 1877 auch Geronimo zusammen mit 110 Mitgliedern seines Stammes von einem amerikanischen Indianerbeauftragten festgenommen. Militär brachte sie in die Reservation San Carlos, die in Arizona in einer halbtrockenen Wüste lag. Dort lebten sie ein paar Jahre lang kümmerlich von Ackerbau und spärlichen Nahrungsmittelgaben der Regierung.

Bedrängnis in Mexiko

Im Jahre 1881 wurde ein anderer Medizinmann und Prophet der Apachen namens Nakaidoklini von Weißen ermordet. Da hielten Geronimo und seine Stammesbrüder die erzwungene Ruhe nicht länger aus. Sie verließen heimlich die Reservation und errichteten ein Lager im Sierra-Madre-Gebirge hinter der mexikanischen Grenze. Von dort aus unternahmen sie viele Raubzüge und Überfälle. Sie stahlen in Mexiko Pferde, Maultiere und Rinder und brachten diese auf amerikanisches Gebiet. Dort tauschten sie das Beutegut bei weißen Händlern gegen Gewehre, Munition, Kleidung und Whiskey ein. Im Mai 1882 wurden sie schließlich von Scouts aufgespürt. Sie mussten wieder in die Reservation zurückkehren und lebten danach weitere drei Jahre lang als Ackerbauern.

Über alle Unternehmungen Geronimos außerhalb der Reservation, besonders diejenigen, bei denen Blut floss, berichteten die amerikanischen Zeitungen mit vielen Schlagzeilen und auch gelegentlichen Übertreibungen. Auf diese Weise wurde er bald einer der berühmtesten Indianer in ganz Amerika.

Als im Mai 1885 einer ihrer Stammesgenossen verhaftet und eingesperrt wurde, wollten Geronimo und viele andere die ungewohnte bäuerliche Existenz nicht mehr länger fristen. Obwohl es verboten war, brauten sie in der Reservation Maisbier, dem viele reichlich zusprachen. Dadurch mutig geworden, beschlossen sie, die Reservation zu verlassen. Geronimo und Häuptling Juh, dazu 35 andere Krieger sowie 109

Frauen und Kinder flohen wieder in die Berge. Von dort aus nahmen sie ihre alte Lebensweise wieder auf. Sie unternahmen viele Angriffe auf Siedlungen der Weißen, überfielen Gruppen von Reisenden und waren bald der Schrecken der ganzen Region. Die amerikanische Regierung sandte Tausende von Soldaten gegen sie, und auch in Mexiko setzte man starke Militärkräfte gegen sie ein.

Im März 1886 wurde die Übermacht der weißen Soldaten immer deutlicher. Deshalb ergaben sich viele der Apachen dem amerikanischen General George Crook. Auch Geronimo traf sich mit General Crook. Dieser versprach zunächst, dass Geronimo und seine Apachen straffrei wieder in die San-Carlos-Reservation zurückkehren dürften. Aber da die amerikanische Regierung auf einer Bestrafung bestand, flohen Geronimo und etwa 30 andere Krieger wieder über die Grenze nach Mexiko. Anstelle von General Crook übernahm nun General Nelson Miles die Aufgabe, Geronimo und seine Krieger festzunehmen. Miles versammelte 5 000 amerikanische Soldaten und begann mit Erlaubnis der mexikanischen Regierung, Kavallerieabteilungen in mexikanisches Gebiet zu senden, um Geronimo aufzuspüren. Aber während dreier langer Monate fand man ihn und seine Apachen nicht. Diese waren freilich durch die ständige Flucht allmählich völlig ausgehungert und erschöpft. Ergeben jedoch wollten sie sich nicht aus Furcht, sofort umgebracht zu werden.

Das Versteck

Aber General Miles gab auch nicht auf. Eines Tages befahl er einem seiner Offiziere, Leutnant Charles Gatewood, zusammen mit zwei indianischen Scouts die Suche aufzunehmen. Mit drei weiteren Soldaten ritten sie im Juli auf Mauleseln, die in den Bergen trittsicherer sind als Pferde, über die mexikanische Grenze. Lange fanden sie keine Spur von Geronimos

Gruppe. Aber dann hörten sie, dass zwei Apachenfrauen in der Gegend gesehen worden seien. Gatewood machte sich nun auf die Suche nach diesen Frauen, und einige Tage später fand er ihre Spuren in einem engen Cañon. Er schickte seine beiden Scouts die schmale Bergstraße hinauf, und schon am nächsten Morgen wurde ihm berichtet, dass sie Geronimo gefunden hätten. Die Apachen hielten sich in einer uneinnehmbaren Felsenstellung auf. Als Leutnant Gatewood überlegte, was zu tun sei, sprangen plötzlich wie aus dem Nichts 35 oder 40 Apachen aus dem Gestrüpp und hinter Felsbrocken hervor und bedrohten ihn und seine Soldaten. Es war ein furchterregender Augenblick, aber der Leutnant verlor nicht die Nerven. Er hob die Arme hoch zum Zeichen, dass er nicht kämpfen wolle, und bot den Indianern Tabak an. Diese nahmen ihn an. Dann trat auf einmal auch Geronimo, seine Winchesterbüchse auf Gatewood gerichtet, aus dem Gestrüpp.

Leutnant Gatewood zitterte vor Todesangst, aber Geronimo kam näher und begann nicht unfreundlich zu sprechen. Sein Englisch war sehr schlecht, aber Gatewood verstand, dass die Indianer die Brutalität der Mexikaner fürchteten und dass sie sich den Amerikanern ergeben wollten, wenn diese sie heil über die Grenze geleiten würden; von dort wollten sie dann in ihr altes Gebiet ziehen. Gatewood sagte, das mit dem Gebiet könne er nicht versprechen; vielmehr würden Geronimo und seine Indianer nach Florida gesandt, wohin schon andere Apachen verlegt worden waren. Geronimo wollte dies jedoch nicht. Man sprach hin und her, Gatewood teilte noch mehr Tabak aus, man aß etwas zur Mittagszeit und Gatewood sagte dann, er müsse nun gehen. Geronimo versprach, am nächsten Morgen seine Entscheidung mitzuteilen.

Als Gatewood zu seinem Rastplatz zurückkehrte, war dort inzwischen ein starker Trupp amerikanischer Soldaten eingetroffen. Die Nacht brach herein. Früh am nächsten Morgen riefen die Wachen nach Leutnant Gatewood. Am Rande der Zelte war Geronimo mit einigen Kriegern aufgetaucht und wollte verhandeln. Er bot an, dass seine Stammesgruppe in die Vereinigten Staaten zurückkehren würde, wenn die amerikanischen Soldaten den Rückzug der Apachen dorthin decken und die Mexikaner an der Verfolgung hindern würden; und damit man sie nicht von hinten angreife, müsse Gatewood mit den Apachen reiten.

Als man noch miteinander sprach, galoppierte ein indianischer Scout heran und berichtete, dass die Mexikaner nahe wären. Jetzt glaubte Geronimo, dass die Amerikaner ihm zusammen mit den Mexikanern einen Hinterhalt gelegt hätten. In panikartiger Eile stoben er und seine Krieger auf ihren Reittieren zu ihrer Stammesgruppe zurück. Dort machten sich alle Krieger in Felsnischen und auf mehreren Anhöhen verteidigungsbereit. Doch Leutnant Gatewood kam in schärfstem Galopp herangepfescht und versicherte den Apachen, dass er mit dem Auftauchen der Mexikaner nichts zu tun habe. Die Indianer sollten gemäß Geronimos Vorschlag nach Norden ziehen; wenn es schnell ginge, seien die amerikanischen Soldaten in der Lage, die Mexikaner zurückzuhalten, bis die Apachen über der Grenze seien. Und er würde selbst so lange bei ihnen bleiben.

Ein ruhmreiches Leben geht zu Ende

Und so geschah es dann. Nach einigen Tagen, Anfang September 1886, erreichten Geronimo und sein Stamm die amerikanische Grenze. Im Skeleton-Cañon in Arizona ergaben sie sich einer amerikanischen Heeresabteilung. Sie waren die letzten Indianer im Süden der Vereinigten Staaten, die sich den amerikanischen Truppen ergaben, und wurden als Gefangene nach Fort Pickens im Westen Floridas gebracht. Andere Apachen wurden nach Fort Marion an der Ostküste Floridas transportiert. Geronimo kam nach Fort Pickens, weil man in der nahen Stadt Pensacola hoffte, ihn als Touristenattraktion verwenden zu können. Dieser Plan ging auch auf. Täglich kamen etwa 20 Besucher, um Geronimo zu sehen, und an einem besonders erfolgreichen Tag waren es sogar 459.

Nach einem Jahr kamen alle gefangenen Apachen in ein Lager im Staat Alabama, und von dort ging es 1894 schließlich weiter nach Oklahoma. Geronimo durfte die dortige Reservation bei Fort Sill gelegentlich verlassen. Der zuvor so gefürchtete Krieger wurde allmählich zu einer Art schaustellerischem Star. Er spielte diese Rolle gar nicht ungern, denn er verdiente viel Geld durch den Verkauf seiner Fotografien. Er lernte ein bisschen schreiben. So konnte er die Bilder, die er verkaufte, mit seinem Namen zeichnen. Er verkaufte auch kleine Bogen und Pfeile mit seinem Namen darauf. Manchmal trat er in Ausstellungen auf, so 1898 in Omaha in Nebraska, 1901 in Buffalo im Staat New York und 1904 in der Weltausstellung in St. Louis. Im Jahre 1905 ritt er in Präsident Theodore Roosevelts Parade, als dieser seine zweite Amtszeit antrat.

Auch als alter Mann war Geronimo noch ein hervorragender Scharfschütze und erfreute sich guter Gesundheit. Allerdings trank er auch viel Alkohol, manchmal sogar im Übermaß. Das wurde ihm schließlich zum Verhängnis. In einer kalten Nacht im Februar 1909 fiel er betrunken von seinem Pferd

und blieb viele Stunden unentdeckt auf dem kalten Boden seiner Reservation liegen. Dabei holte er sich eine Lungenentzündung, der er dann wenige Tage später erlag. Er wurde bei Fort Sill im Apache-Indian-Prisoner-of-War-Friedhof beigesetzt.

Im Norden gingen mit den Ereignissen bei Wounded Knee die blutigen Auseinandersetzungen zwischen Indianern und Weißen zu Ende. Im Süden war Geronimo die bedeutendste Gestalt des indianischen Widerstandes gewesen. Als er sich 1886 endgültig der amerikanischen Kavallerie ergab, herrschte auch hier von nun an Friede. Für die Indianer war es, wie beinahe überall, ein bitterer Friede.

Aber jedenfalls wurde der Westen, hier und sonstwo, nun immer weniger wild.

Glossar

Apachen, Indianerstamm im Südwesten der USA

Blizzard, schwerer Schneesturm

Bowlerhut, runder, steifer Herrenhut („Melone")

Bronco, noch nicht zugerittenes Pferd

Bürgerkrieg, amerikanischer, Krieg zwischen den Nordstaaten und den Südstaaten der USA 1861–1865

Chaps, lederne Beinumhüllungen (von spanisch chaparro)

Cherokee, Indianerstamm im Südosten der USA

Cheyenne, Indianerstamm im Mittelwesten der USA; auch Hauptstadt von → **Wyoming**

Claim, (Besitztitel für ein) Goldgräbergrundstück

County (englisch: Grafschaft), in den USA ein regionaler Verwaltungsbezirk, vergleichbar mit dem deutschen Landkreis

Crow, Indianerstamm im Nordwesten der USA

Deputy Marshal, Deputy Sheriff, Hilfssheriff; → auch Sheriff

Detective (in Amerika:), Kriminalpolizist

dime novel, Abenteuerheftchen, Groschenheftchen

drugstore, Drogerie, manchmal auch Schnellgaststätte

Fuß, Zoll (foot, inch), amerikanische Längenmaße (1 Fuß = 30,48 cm; 1 Zoll = 2,54 cm)

Gatling-Gun, mehrläufige Kanone, mit der durch Kurbeldrehung eine Serie von Schüssen hintereinander abgefeuert werden konnte; eine Art frühes Maschinengewehr

Goldamalgam, chemische Verbindung von Gold mit Queck-
silber

Gouverneur, höchster Beamter eines Staates oder Territori-
ums in den USA

Highwayman, Straßenräuber, Wegelagerer

Hotchkiss-Kanone, der → **Gatling-Gun** ähnliche Kanone, bei
der fünf Rohre um eine Mittelachse rotierten

Hunkpapa, Unterstamm der → **Sioux**

Karabiner, Gewehr mit kurzem Lauf

Longhorn-Rind, langbeinige Rinderrasse mit bis zu zwei Meter weit ausladenden Hörnern

Mochila (spanisch: Beutel), Sattelüberwurf aus Leder mit vier
verschließbaren Taschen

Nez Percé, Indianerstamm im Nordwesten der USA

Outlaw (englisch: Gesetzloser), Bandit

Pemmikan, haltbarer Proviant aus getrocknetem, zerstampf-
tem Bisonfleisch, das mit heißem Fett übergossen ist

Posse, ein von einem Sheriff aufgebotener Trupp von Reitern
zur Verfolgung von Verbrechern

Prospektor, jemand, der nach Gold oder anderen Edelmetal-
len schürft

Repetiergewehr, automatisches Gewehr mit einem Magazin

Reservation, Gebiet, das Indianern nach der Vertreibung aus
ihrem Land zugewiesen wurde

Round-up, Zusammentreiben von Rindern, sodass sie gezählt,
gebrandmarkt oder für den → **Trail** sortiert werden können

Scout, Kundschafter

Sheriff, in den USA der höchste, auf Zeit gewählte Polizist in einem Ort oder Bezirk

Sioux, Indianerstamm im Mittelwesten der USA

Stampede, wilde Flucht einer in Panik geratenen Rinderherde

Stetson, Filzhut mit breiter Krempe, Cowboyhut

Tipi (auch **Teepee**), kegelförmiges Zelt der Prärieindianer

Trail, Weg der Siedler nach Westen; Weg der Rinderherden von Texas nach Norden

Unze, amerikanisches Gewichtsmaß (28,35 g)

Winchester-Büchse, weit verbreitetes amerikanisches → **Repetiergewehr**

Wells Fargo & Company, 1852 von William Fargo und Henry Wells gegründetes Transportunternehmen

Wyoming, Gebiet im Nordwesten der USA, 1868 offiziell zum Territorium erklärt, 1890 als Bundesstaat in die USA aufgenommen

Zoll → **Fuß, Zoll**

Bildnachweise

Karten S. 48, 118, 123: © Silke Almendinger, Freiburg.

Übersichtskarte USA (Vorsatz): © Alfred Kröner Verlag, entnommen aus: Udo Sautter, Geschichte der Vereinigten Staaten von Amerika, Kröners Taschenausgabe, Bd. 443, 7. Aufl. 2006, Alfred Kröner Verlag, Stuttgart.

Karte Siedlungsgebiete der Indianer (Nachsatz): © Konrad Theiss Verlag, entnommen aus: Alexander Emmerich, Der Wilde Westen: Mythos und Geschichte, 2009, Konrad Theiss Verlag, Stuttgart.

Spannend und lehrreich

PLATEAU
Chinook
NORTHWEST COAST
Yakima
Bear's Paw Montana
Birch Creek 1878
Wallowa Lake
White Bird Canyon 1877
Nez Perce
Little Bighorn
Crow
Rosebud 1876
Snake River
Yellowstone
Black Hills
Missouri
Dull Knife 1876
Wounded Knee
Pomo
Cheyenne
Shoshone
Platte
Milk Creek 1879
Arapaho
Paw
GREAT BASIN
PLA
Yosemite
Paiute
CALIFORNIA
Colorado
Ute
Arkansas
Monument Valley
Navajo
Chumash
Canyon de Chelly 1864
Grand Canyon
Adobe W 1864–18
Cibicu Creek 1881
Salt River Canyon 1872
Pueblo
Apache
Apache Pass 1862
Co
Skeleton Canyon 1866
Rio Grande
Pazifischer Ozean
SOUTHWEST